かんたん♥ラブリー ときめき お菓子(かし)レッスン スペシャル

監修(かんしゅう) 福本美樹(ふくもとみき)

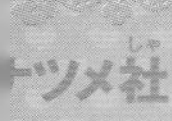

お菓子づくり はじめてものがたり

私もこんなお菓子
つくってみたいなぁ

だけど
食べるの専門で
つくったことはないんだ

じゃ　いっしょに
つくってみない?
あなたは?
LOVE

私はリリカ
ここのお店の
パティシエール
あなた、よく来てくれるから
気になってたの
いっしょにつくってみない？
私と
同じ名前…???
LOVE

はじめてでも
かんたんにつくれる
スイーツは
いっぱいあるよ!
きほんから
教(おし)えてあげるね♪
LOVE

きほんのファッション

お菓子づくりのじゅんびは、まず身だしなみから!おうちパティシエールに変身しちゃおう☆

そでをまくるよ

長そでの洋服は、そでがよごれたりじゃまになったりするから、そでをくるくるとまくっておこう！

髪の毛はスッキリ！

髪の毛が長い人は、きちんと結んでね。おろしたままだとジャマになるよ。三角きんやバンダナをまけば、髪の毛が落ちるのをふせげるよ。

手を洗おう

お菓子づくりやお料理するときは、清潔にすることが大切！　かならず手をきちんと洗っておこう。

エプロン装着！

洋服がよごれないように、エプロンをしよう！　お気に入りのエプロンがあると気分もアガる！

きほんの道具

よくつかう道具を紹介。つくりたいお菓子に必要な道具が、おうちにあるか確認してね。

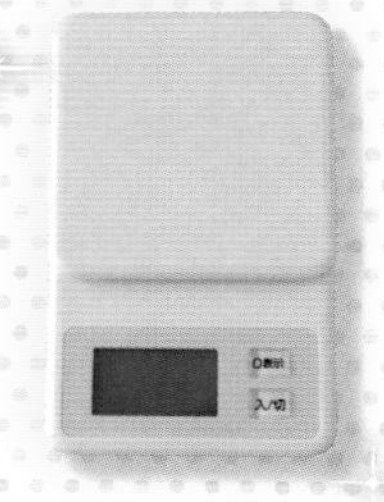

はかり

お菓子づくりは、分量をきちんとはかることが大切だよ。表示が見やすいものをつかおう。

液体をmlではかるときにつかうよ。めもりが見やすいものをえらぼう。

粉や液体をはかるよ。大さじ、小さじがあればOK。小さじ1/2、小さじ1/4がはかれるものもあるよ。

生地や生クリームをまぜるときにつかうよ。大きさや重さもいろいろだから、自分にあったものをえらぼう。

ボウル

材料をまぜたり、ねったりするときにつかうもの。大きさがちがうものがいくつかあると便利だよ。

まぜる

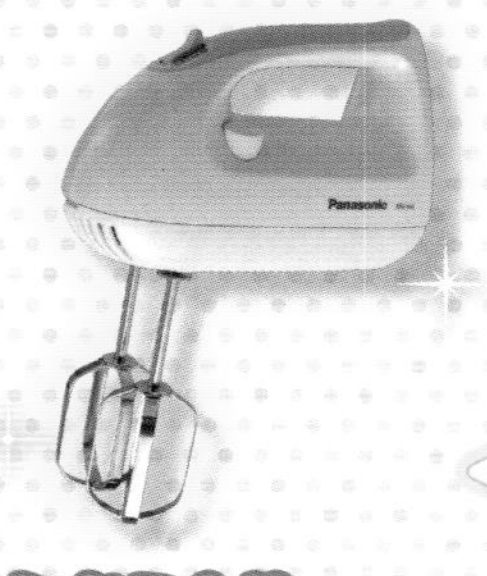

ハンドミキサー

電動だから、泡だて器よりもはやくまぜられるよ。ホイップクリームやメレンゲをつくるときに便利。

フードプロセッサー

電動で切ったりまぜたりできる道具。材料を一度に全部まぜてつくるお菓子のときに便利。

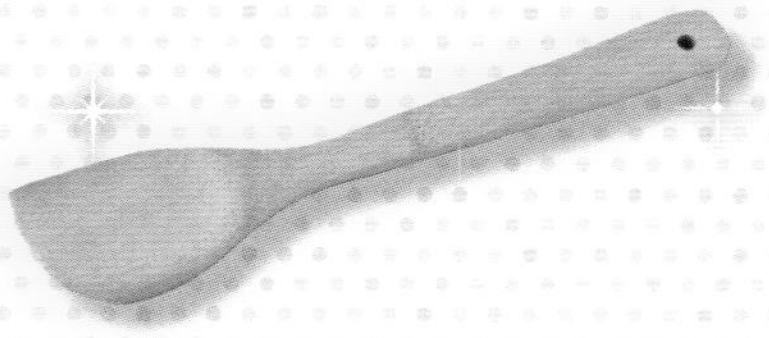

木べら

火にかけたフライパンやなべで材料をまぜるときにつかうよ。

ゴムべら

材料をさっくりまぜるときにつかうよ。火にかけるものにはつかわないでね。

ふるう

粉ふるい

ここに粉を入れてふるうと、ダマにならずにおいしくしあがるよ。

茶こし

しあげにココアや粉砂糖をお菓子にかけるときにつかおう。

切る

包丁・まな板

包丁をつかうときは、かならずまな板とセットで。おうちの人に用意してもらってね。

すくう・返す

お玉

生地をすくうときにつかうよ。

フライ返し

生地を裏返すときの必須アイテム。

その他

フライパン

生地を焼いたり、材料をいためたりするときにつかうよ。フッ素樹脂加工のものは、くっつきにくいよ。

なべ

材料を煮たり、チョコレートを湯せんにかけたりするときにつかうよ。大・小あると便利。

バット

材料を入れておいたり、ここで粉をまぶしたりするよ。ないときは、大きめのお皿をつかおう。

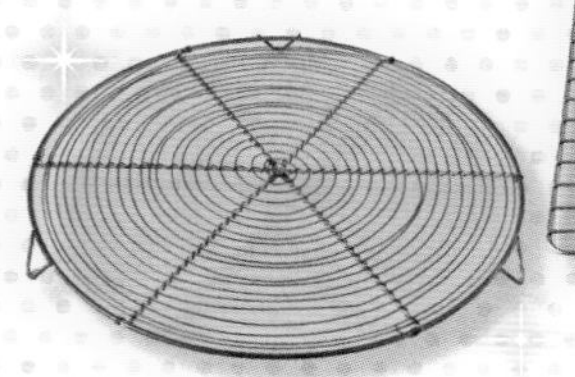

ケーキクーラー・網

焼きあがったものは、ここにおいて冷ますよ。

しぼり出し袋・口金

ホイップクリームなどを入れて、デコしたりするよ。口金の形はいろいろあるけど、丸と星があるとべんり。

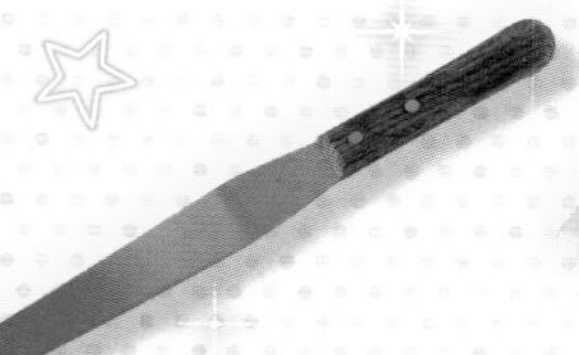

パレットナイフ

ケーキにホイップクリームをぬるときにつかう道具。

オーブンシート

型や天板にしいて、生地がくっつかないようにするアイテム。

カード

材料をかきあつめたり、生地をたいらにするときにべんり。スケッパーともいうよ。

めん棒

生地を同じ厚さにのばすときにつかうよ。長さがいろいろだから、つかいやすいものをえらんで。

焼きたてのオーブンから天板をとり出すときや、熱いものをさわるときはかならずつかってね。五本指タイプがべんり。軍手はうすいから2枚かさねて。

ハケ

シロップやとき卵をぬるときのどうぐ。毛がぬけやすいものがあるから気をつけて。

正しいはかり方

はかりではかる

ボウルや容器に入れてはかるときは、空の容器をのせて、表示を「0」にあわせてから、容器に材料を入れてはかるよ。

計量カップではかる

「ml」と表示された量の多い液体は、計量カップではかるよ。分量のめもりまで入れたら、きちんと線に合っているか、真横から見て確認しよう。

計量スプーンではかる

少ない量の液体や粉をはかるよ。
計量スプーンはおもに大さじ(15ml)、小さじ(5ml)をつかうよ。

液体(水・牛乳など)の場合

大さじ1・小さじ1

表面が少しふくらんでいて、こぼれそうなぐらいがめやす。

大さじ1/2・小さじ1/2

スプーンの深さの半分よりも少し上ぐらいがめやす。

粉(砂糖・塩など)の場合

大さじ1・小さじ1

スプーンに山盛り入れて、別のスプーンの柄ですりきってたいらにした量。

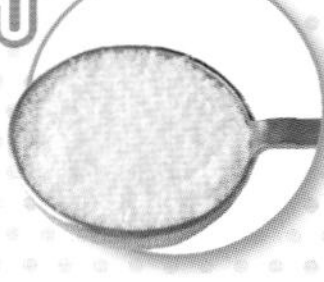

大さじ1/2・小さじ1/2

大さじ(小さじ)1から、半分とり出した量。

きほんの材料

よく出てくる材料を紹介するよ。賞味期限をチェックしてからつかおう。

薄力粉

小麦粉の種類のひとつ。クッキーやケーキづくりにはかかせないよ。「強力粉」とまちがえないようにしよう。

バター

食塩が入っていないものと入っているものがあるよ。お菓子づくりには、食塩が入っていない「食塩不使用」をつかうことが多いよ。

砂糖

砂糖もたくさん種類があるよ。味にクセのない上白糖やグラニュー糖がおすすめ。

牛乳

低脂肪や無脂肪の牛乳は、お菓子にコクがなくなるから、乳脂肪分の高い「無調整」をつかおう。

生クリーム

ホイップクリームをつくるときは、乳脂肪分45％以上のものが泡だてやすいよ。

卵

サイズがいろいろあるけれど、この本ではMサイズをつかっているよ。卵黄と卵白にわけてつかうこともあるよ。

ゼラチン

ゼリーなど、液体をかためるときにつかうよ。水にふやかしてから、熱をくわえてとかすけど、さいきんは、ふやかさなくてもいいタイプも売っているよ。

ベーキングパウダー

生地をふくらませるためにつかう粉。アルミニウムという添加物をつかっていないものが◎。ベーキングソーダとまちがえないように気をつけて。

デコレーションにつかうもの

お菓子をデコるのに役だつアイテムだよ。
食べ物でできているから、かわいくデコってそのまま食べられるよ♪

チョコペン

お湯につけて、やわらかくしてからつかうよ。先たんをはさみで切ってつかってね。

アラザン

お菓子をキラキラかざれるよ。いろんな大きさ、色、形があるよ。

トッピングシュガー

のせるだけで、かわいくデコれるアイテム。いろんな大きさ、色、形があるよ。

チョコ

湯せんにかけてとかしたものを型に入れたり、ケーキにコーティングしたりするよ。

チョコスプレー

ふりかければ、たちまちお菓子がレインボーカラーに！チョコでできてるから食べてもおいしい！

茶こしでお菓子にふりかければ、見た目がチョコになるよ。

粉砂糖

茶こしでお菓子にふりかければ、キュートな見た目になるよ。仕上げにつかうときは、しめらないタイプがおすすめ。

もくじ

お菓子づくりのきほん

Part 1 簡単お菓子&クッキー

Part 2 魅惑(みわく)のチョコスイーツ

Part 3 ときめく♥ ラブリーケーキ

Part 4 ちょっとクールにひんやりおやつ

Part 5 わくわく！世界のスイーツ

この本のつかい方

はじめてお菓子をつくる人もわかりやすいように、レベルやかかる時間、つかう道具なども紹介しているよ！

かかる時間

だいたいどのぐらいの時間でつくれるかがわかるよ。つくる前にやっておくことや、冷蔵庫で冷やす時間、焼く時間はふくまれていないよ。

レベル

「かんたん！」「ふつう」「ちょいムズ」の３段階あるよ。はじめてつくるなら「かんたん！」、ちょっとなれてきたら「ふつう」、チャレンジするなら「ちょいムズ」を！

材料

つくりはじめる前にそろえておこう！

必要な道具

「つくる前にやっておこう」でつかう道具もここで紹介しているよ。

つくる前にやっておこう

あらかじめ準備しておきたいことだよ。

ポイント

おいしくつくるために大切なことを教えちゃう！

この本のきまり

☆この本でつかう計量スプーンは大さじ１が15ml（または15cc）、小さじ１が5ml（または5cc）です。
☆卵はMサイズの新鮮なものをつかっています。
☆オーブンで焼く時間は、機械によってちがいがあります。おうちのオーブンにあわせて加減してください。オーブンのつかい方は、取扱説明書などを読んで正しくつかいましょう。
☆電子レンジは500Wのものを使用しています。機械によって加熱の強さにちがいがあるので加熱時間を調整してください。
☆かかる時間は、目安です。つくる人や天気によってもかわります。
☆お菓子づくりは、かならず大人がいるところでおこなってください。刃物や火をあつかうこともあるので、ケガややけどにじゅうぶん注意しましょう。むずかしい作業は、かならず大人に手伝ってもらいましょう。

Part 1

はじめてさんにもピッタリ！

簡単お菓子&クッキー

お菓子づくりをやったことがないリリカでもつくれちゃう！
市販のものをデコするだけのスイーツや、まぜて焼くだけのクッキーを紹介するよ。

まずは、
つくってみて
お菓子づくりに
なれてみるのは
どうかな?
えっ!
でもなにも
つくれないよ!

だいじょうぶ!
超かんたんにできる
オリジナルスイーツを
教えてあげる!
市販のドーナツや
カップケーキを、チョコペンや
ホイップクリームで
トッピングするだけで
かわいくなっちゃうんだよ☆

いつものドーナツにちょこっとお絵かき

デコドーナツ

かかる時間 約15分

レベル かんたん!

チョコペンだから自由にかけるよ!

材料（直径6cmのドーナツ3個分）

ドーナツ（市販）…3個
好きな色のチョコペン…好きな本数
カラーコーティングチョコ、
スライスアーモンドなど…適量

必要な道具

マグカップ

つくる前にやっておこう
マグカップに40℃ぐらいのお湯をそそぎ、
チョコペンを入れてやわらかくする。

つくり方

1 チョコペンで線をかく

ドーナツに好きな色のチョコペンでななめに線をかく。

2 耳をつける

チョコやスライスアーモンドなどをドーナツにかざり、耳をつける。

3 目と鼻をかく

チョコペンで目と鼻をかく。

3色のカラフルクリームがおしゃれ

おめかしカップケーキ

かかる時間
約30分

レベル
かんたん!

ジャムで色をつけるからかんたん!おいしい♥

材料（直径7cmのカップケーキ6個分）

カップケーキ（市販）…6個

〈パープル〉

生クリーム…50ml

ブルーベリージャム…30g

ブルーベリー…6個

〈ピンク〉

生クリーム…50ml

ラズベリージャム…30g

ラズベリー…4個

〈オレンジ〉

生クリーム…50ml

オレンジマーマレード…30g

オレンジ（厚さ3㎜の三角スライス）…2枚

必要な道具

ボウル

泡だて器

スプーン

つくり方

1 クリームをつくる

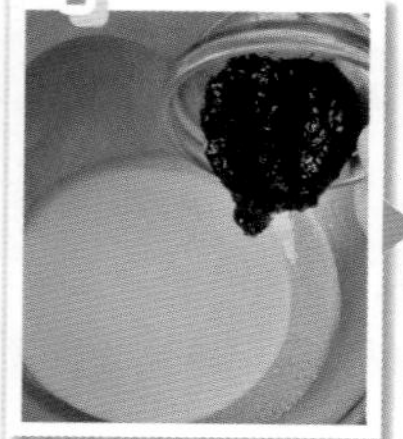

生クリームを氷水にあて、ブルーベリージャムをくわえ、8分だて（P248を見てね）にする。ピンク、オレンジのクリームも同じようにしてそれぞれつくる。

2 かざる

1をスプーンでカップケーキの上に山のようにのせ、フルーツをかざる。

アレンジレシピ

キュートなお花(はな)がさいたよ!

フラワーカップケーキ

材料(ざいりょう)（直径(ちょっけい)7cmのカップケーキ2個分(こぶん)）

カップケーキ(市販(しはん)) 2個(こ)

〈ピンク〉

A
- 生(なま)クリーム…50ml
- 砂糖(さとう)…5g
- 食用色素(しょくようしきそ)(赤(あか))…適量(てきりょう)

〈青(あお)〉

B
- 生(なま)クリーム…50ml
- 砂糖(さとう)…5g
- 食用色素(しょくようしきそ)(青(あお))…適量(てきりょう)

〈白(しろ)〉

C
- 生(なま)クリーム…50ml
- 砂糖(さとう)…5g

つくり方(かた)

1. A、B、Cをそれぞれよくまぜ、8分(ぶ)だてのホイップクリームを3色分(しょくぶん)つくる。

2. 1でつくったピンクと青(あお)のホイップクリームをそれぞれ口金(くちがね)(丸(まる))をつけたしぼり出(だ)し袋(ぶくろ)に入(い)れ、カップケーキの上(うえ)に花(はな)びら状(じょう)にしぼる。

ポイント
外(そと)から中(なか)にむかってしぼるときれいな形(かたち)にできるよ。

3. 2であまったピンクのクリームをボウルにもどし、ピンクの色素(しきそ)を少(すこ)しくわえ、色(いろ)を濃(こ)くする。別(べつ)のしぼり出(だ)し袋(ぶくろ)に入(い)れて、花(はな)のまん中(なか)に丸(まる)くしぼる。青(あお)い花(はな)のまん中(なか)は、Cの白(しろ)いホイップクリームをしぼる。

アレンジレシピ

かわいすぎて食べられない!?

パンダカップケーキ

材料（直径7cmのカップケーキ2個分）

カップケーキ（市販）2個

A
- 生クリーム…100ml
- 砂糖…10g

カラフルチョコ（茶）…4個

チョコペン（茶、ピンク）…各1本

つくり方

1 Aをあわせて8分だてのホイップクリームをつくり、ディッシャーですくってカップケーキの上にのせる。

2 カラーコーティングチョコを耳にみたて、ホイップクリームにさしこむ。

3 チョコペンで目、鼻、口、ほっぺをかく。

プチアレンジレシピ

ほかにこんな動物がつくれるよ

くまカップケーキ

ホイップクリームをチョコレートクリームかえて、茶色のコーティングチョコを耳にして、チョコペンで顔をかいたら、くまさんになるよ。

ブタさんカップケーキ

クリームをピンクにして、ピンクのチョコペンでブタさんの耳と顔をかこう！

シュガーラスク

かかる時間 約20分

レベル かんたん！

あまった食パンがスイーツに変身★

つくり方はP.28を見てね

大好きなフルーツをたっぷりのせて

スイーツピザ

かかる時間 約15分

レベル かんたん！

ぎょうざの皮でつくる新感覚ピザ♡

つくり方はP.30を見てね

シュガーラスクのつくり方

材料（6枚切食パン1枚分、25個）

食パン（6枚切）…1枚
バター…30g　砂糖…30g

必要な道具

包丁

まな板

キッチンペーパー

電子レンジ

耐熱容器

オーブントースター

オーブンミトン

アルミホイル

つくり方

1 切る

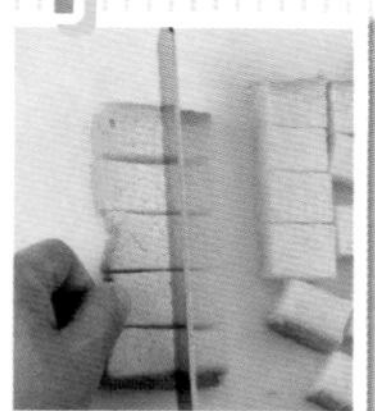

食パンを縦横それぞれ5等分し、25個のサイコロ状に切る。

2 水分をとばす

キッチンペーパーをしいた耐熱容器に1を入れ、ラップをせずにレンジで2分加熱し、パンの水分をとばす。

3 味をつける

キッチンペーパーをはずし、バターと砂糖を入れ、余熱でとかしゴムべらで全体にいきわたらせる。

4 焼く

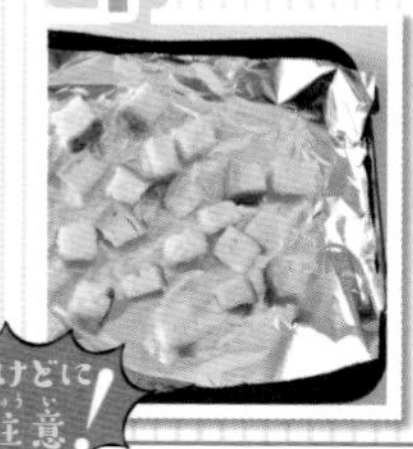

アルミホイルをしいたオーブントースターに入れこんがり焼き色がつくまで焼く。

やけどに注意！

オーブンの中はすごく熱いよ！ とり出すときはかならずオーブンミトンをしよう。

アレンジレシピ

食べやすいスティックタイプ

チョコがけラスク

材料（6枚切食パン1枚分）

食パン（6枚切）…1枚
バター…30g　チョコレート…100g
ストロベリーチョコレート…100g
トッピングシュガーや
　スプレーチョコなど…適量

つくり方

①食パンを縦に6等分し、キッチンペーパーをしいた耐熱容器に入れ、ラップをせずにレンジで2分加熱し乾燥させる。
②レンジで30秒加熱してとかしたバターを①にハケでぬり、アルミホイルをしいたオーブントースターでこんがり焼き色がつくまで焼く。
③湯せんにかけてとかしたチョコレートに②を半分までひたし、トッピングシュガーやスプレーチョコでかざる。

しみチョコラスク

材料（6×6cmのハート型8枚分）

サンドイッチ用食パン…2枚
牛乳…60ml　チョコレート…40g

つくり方

①耐熱容器に牛乳ときざんだチョコレートを入れ、電子レンジで30秒加熱し、チョコレートをとかす。とけないときは、さらに10秒ずつ加熱する。
②食パンをハート型で抜き、①にひたしてしっかりしみこませる。
③②をオーブンシートをしいた天板にならべ、160℃のオーブンで30 ～ 40分焼く。チョコペンでもようをかいても。

プチアレンジレシピ

シュガーラスクをいろんなパンでつくってみよう!

クロワッサンラスク
3～4等分に切って焼くよ。バターがきいておいしい!

レーズンパンラスク
水分をとばすとレーズンの味が濃厚に。シナモンをふっても。

メロンパンラスク
メロンパンを1㎝幅に切ってつかおう。もとが甘いから、砂糖の量をへらしても。

ベーグルラスク
もともと水分が少ないから、ラスクむき。ほかのパンよりカリカリサクサクに!

スイーツピザのつくり方

材料（直径15cmの花型1枚分）

ぎょうざの皮（市販）…5枚
クリームチーズ…30g
お好みのフルーツ…適量
はちみつ…適量
バター…小さじ1/2

必要な道具

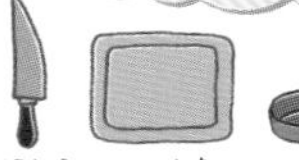

包丁　まな板　フライパン　フライパンのふた

つくる前にやっておこう

フルーツは食べやすい大きさに切る。
クリームチーズを室温にもどす。

つくり方

1 生地をつくる

フライパンにバターをうすくぬり、ぎょうざの皮を少しずつかさねてひろげる。

2 具をのせる

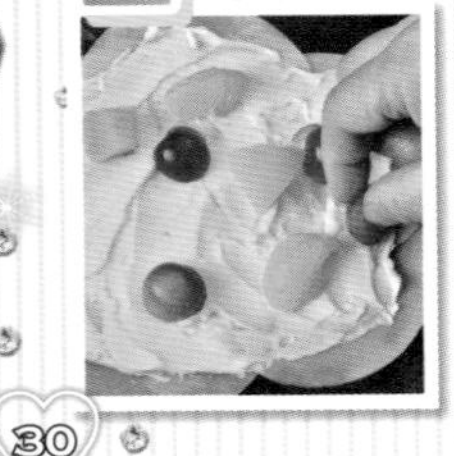

1の上にクリームチーズをぬり、フルーツをちらす。

3 焼く

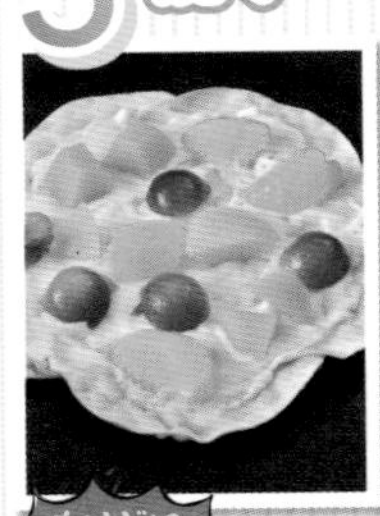

フライパンを中火にかけ、ふたをして1～2分ぐらい焼く。ぎょうざの皮に焼き目がついてカリッとしたら皿に取り出す。

やけどに注意！

フライパンはすごく熱くなっているから、さわらないように注意しよう。

4 しあげる

はちみつをかける。

アレンジレシピ

材料（4個分）

ぎょうざの皮…4枚　チョコレート…40g
ミニマシュマロ…30個

つくり方

①ぎょうざの皮にマシュマロをのせ、すきまに小さく割ったチョコレートをちらす。
②ぎょうざの皮のまわりを少しつまんでうつわ状にし、アルミホイルをしいたオーブントースターで焼き目がつくまで焼く。

材料（4個分）

ぎょうざの皮…4枚
りんごジャム…大さじ4
シナモン…適量

つくり方

①ぎょうざの皮にスプーンでりんごジャムをぬる（1枚につきジャム大さじ1）。
②①にシナモンをふり、オーブンシートをしいたオーブントースターで、皮がカリっとなるまで焼く。

プチアレンジレシピ

おうちにあるもので、いろいろつくろう

ピーナッツピザ

ぎょうざの皮にピーナッツバターをぬって焼くよ。濃厚な甘さがクセになる！

アイスのせ

ぎょうざの皮をそのまま焼いて、焼き色がついたら好きなアイスをのせて食べよう。

チーズ蒸しパン

かかる時間 約30分

レベル ふつう ✿✿✿

口いっぱいに広がるチーズの香りがたまらない♥

つくり方はP.34を見てね

まぜて焼くだけ!型がなくてもできる

アーモンドクッキー

かかる時間 約30分

レベル かんたん!

外はザクザク!中はしっとり〜♪

つくり方はP.36を見てね

チーズ蒸しパンのつくり方

材料（直径7cm、6個分）

ピザ用チーズ…50g　牛乳…50ml
卵…1個　砂糖…60g
A | 薄力粉…100g
ベーキングパウダー…小さじ1
サラダ油…大さじ2

必要な道具

粉ふるい

プリンカップ

グラシンカップ

蒸し器

耐熱容器

電子レンジ

ボウル

泡だて器

スプーン

ふきん

つくる前にやっておこう

Aをあわせてふるう。プリンカップにグラシンカップをしく。蒸し器をセットしてお湯をわかす。

つくり方

1 チーズをとかす

牛乳とピザ用チーズを耐熱容器に入れ、レンジで1分加熱しチーズをとかし、あら熱をとる。

2 卵と砂糖をまぜる

ボウルに卵を入れ、泡だて器でほぐし、砂糖をくわえてまぜる。

3 チーズをまぜあわせる

2のボウルにあら熱がとれた1を入れ、よくまぜる。

4 粉とサラダ油を入れる

あわせてふるったAをくわえてよくまぜ、さらにサラダ油をくわえてまぜる。

5 蒸す

4を6等分してスプーンでカップの8分目ぐらいまで入れ、蒸し器に入れる。ふたとなべのあいだにかわいたふきんをはさみ、中火で15分蒸す。

やけどに注意!

蒸し器はとても熱いから、とり出すときはかならずオーブンミトンをしよう。

プチアレンジレシピ

きほんの生地があれば、
いろんな味をたのしめるよ☆

ジャム入り蒸しパン

カップに生地を入れたら、いちごジャム小さじ1をくわえてそっとまぜて蒸すよ。

さつまいも蒸しパン

チーズのかわりに、1㎝角に切ってレンジで加熱しやわらかくしたさつまいもを入れよう。

コーヒー蒸しパン

チーズの代わりに、お湯(大さじ1)でといたインスタントコーヒー(大さじ1)をくわえると、ちょっぴりオトナ味。

アーモンドクッキーのつくり方

材料（直径約4cm、20個分）

A
- 薄力粉…150g
- ベーキングソーダ…小さじ1/2

バター…80g　砂糖…80g
卵…1個　アーモンド60g

必要な道具

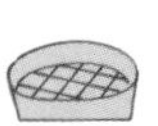

粉ふるい　オーブン　オーブンの天板

オーブンシート　オーブンミトン　ゴムべら　泡だて器

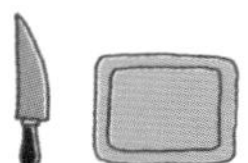

包丁　まな板　ボウル　スプーン×2

つくる前にやっておこう

Aをあわせてふるう。バターを室温にもどす。室温にもどした卵をとく。天板にオーブンペーパーをしく。

つくり方

1 アーモンドをきざむ

アーモンドを包丁であらくきざむ。

2 バターと砂糖をまぜる

ボウルにバターを入れ、泡だて器でふんわりするまでまぜたら、砂糖をくわえて白っぽくなるなですりまぜる。

3 卵を入れてまぜる

2にとき卵を2〜3回にわけて入れ、そのつどまぜる。

4 粉ものを入れてまぜる

3にふるっておいたAと1を入れ、粉が見えなくなるまでゴムべらでまぜる。

オーブンを160℃にあたためはじめる

5 焼く

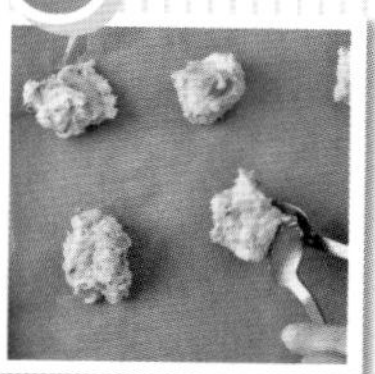

スプーン2本を使って天板に落とし、160℃のオーブンで15分焼く。

やけどに注意！

オーブンはとても熱いから、とり出すときはかならずオーブンミトンをしてね。

アレンジレシピ

チョコたっぷりのぜいたく味

チョコクッキー

材料（直径約4cm 20個分）

A
- 薄力粉…120g
- ベーキングソーダ…小さじ1/2
- ココア…30g

バター…80g　砂糖…80g

卵…1個　チョコチップ…60g

つくり方

Aをあわせてふるったら、アーモンドクッキーの2〜3と同じように生地をつくり、4でアーモンドのかわりにチョコチップをくわえ、160℃にあたためたオーブンで15分焼く。

抹茶でちょっぴり和の気分♪

抹茶クッキー

材料（直径約4cm 20個分）

A
- 薄力粉…140g　抹茶…10g
- ベーキングソーダ…小さじ1/2

バター…80g　砂糖…80g

卵…1個　ホワイトチョコレート60g

つくり方

Aをあわせてふるったら、アーモンドクッキーの2〜3と同じように生地をつくり、4でアーモンドのかわりにきざんだホワイトチョコレートをくわえ、160℃にあたためたオーブンで15分焼く。

ごまでヘルシー！香ばしい！

セサミクッキー

材料（直径約4cm 20個分）

A
- 薄力粉…140g
- ベーキングソーダ…小さじ1/2

バター…80g　砂糖…80g

卵…1個　ごま…60g

つくり方

Aをあわせてふるったらアーモンドクッキーの2〜3と同じように生地をつくり、4でアーモンドのかわりにごまをくわえ、160℃にあたためたオーブンで15分焼く。

ハートや星…好きなかたちにくりぬいて♡

型抜きクッキー

かかる時間
約60分

レベル
ふつう
✿✿✿

シンプルでみんなによろこばれる味★

つくり方はP.40を見てね

おとなっぽいモノトーンカラーが◎

チェッククッキー

かかる時間 約40分

レベル
ふつう

同じもようがたくさん焼けるよ!

つくり方はP.44を見てね

型抜きクッキーのつくり方

材料（星やハートなど約30枚分）

バター…100g
砂糖…60g
卵…1/2個
薄力粉…200g

必要な道具

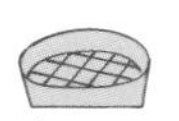
粉ふるい

ボウル

ペティナイフ

ゴムべら　オーブンの天板　オーブン

抜き型

オーブンミトン

オーブンシート

泡だて器

ジッパーつき保存袋

めん棒

つくる前にやっておこう

バターを室温にもどす。卵をときほぐす。薄力粉をふるう。天板にオーブンシートをしく。

つくり方

1 バターと砂糖をまぜる

ボウルにバターを入れ、泡だて器でよくまぜ、砂糖を入れ、白っぽくなるまですりまぜる。

2 卵をくわえてまぜる

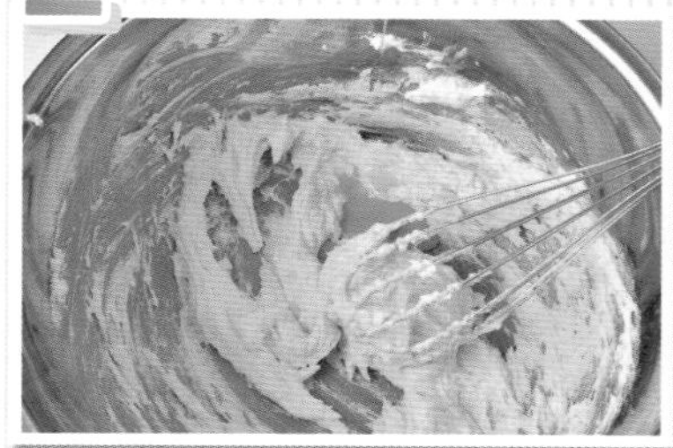

1にときほぐしておいた卵を2回に分けてくわえ、そのつどよくまぜる。

3 薄力粉をまぜる

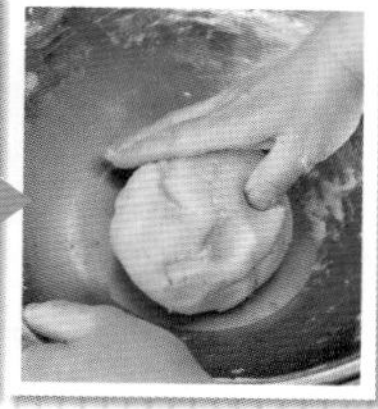

2に薄力粉をくわえ、ゴムベラで粉っぽさがなくなるまでまぜ、手でまとめる。

4 めん棒で生地をのばす

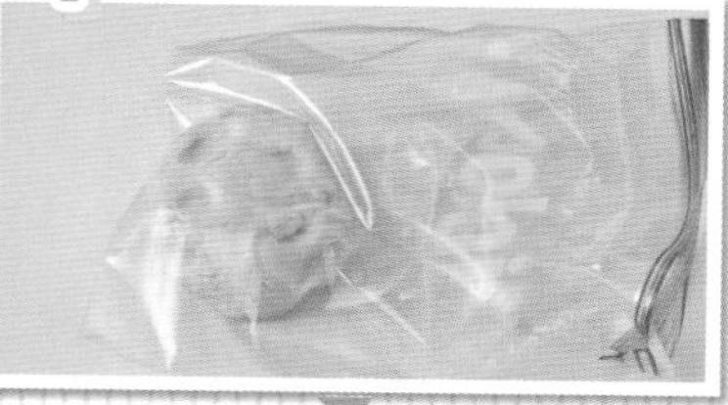

厚めのジッパーつき保存袋に入れ、口をしめずにめん棒でのばす。厚さが均等になったら口をしめ、冷蔵庫で3時間以上冷やして生地を休ませる。

オーブンを170℃にあたためはじめる

5 生地をひろげる

保存袋のはしをペティナイフで切って袋をひらき生地をとり出す。ひらいた保存袋の上に、生地をのせてひろげる。

6 型で抜いて焼く

好みの型で抜き、170℃のオーブンで15分ぐらいこんがりと焼き目がつくまで焼く。

オーブンの中はすごく熱いよ！とり出すときはかならずオーブンミトンをしよう。

アレンジレシピ

大小2個のハートの抜き型を用意してね!

ステンドグラスクッキー

材料（6×6cmのハート型約20枚分）

バター…100g　砂糖…60g
卵…1/2個　薄力粉…200g
あめ（色の濃いもの）…20個

つくり方

①型抜きクッキーの1～5と同じようにして生地をつくる。

②ジッパーつき保存袋にあめを入れ、めん棒でたたいてくだく。

③①の生地を大きいほうのハート型で抜き、その中心を小さいほうのハート型でぬく。

④170℃のオーブンで12分ぐらい焼き、一度とり出す。③の中心のハート型にぬいたところに②のあめを入れ、オーブンに戻し、3分ほど焼く。

⑤あめがとけてハート型がうまったら、オーブンからとりだし、そのままあめがかたまるまで冷ます。

ジャムサンドクッキー

材料（直径7cmの菊型約10枚分）

バター…100g　砂糖…60g
卵…1/2個　薄力粉…200g
あんずジャム…70g

つくり方

①型抜きクッキーの1～5と同じようにして生地をつくる。

②①の生地を菊型で2枚抜く。そのうち1枚をさらに星型で抜き、170℃のオーブンで15分ぐらい焼く。（くりぬいた星型をいっしょに焼いてもOK！）

③②が冷めたら、抜いていないほうの生地にジャムを小さじ1ほどぬり、もう1枚をかさねて粉砂糖をかける。

大小大きさのちがう丸い抜き型を使うよ!

フェイスクッキー

材料（直径 3 ～ 5cm の丸型 約 30 枚分）

バター…100g　砂糖…60g
卵…1/2個　薄力粉…200g

〈デコレーション〉
卵白…1個 分　粉砂糖…200g
食用色素(赤・青・黄・オレンジ)…適量
チョコペン(茶)…1本

つくり方

①型抜きクッキーの1～5と同じようにして生地をつくる。

②①の生地を丸型で抜き、170℃のオーブンで15分ぐらい焼いたら冷ます。

③アイシングをつくる。卵白を入れたボウルに粉砂糖を2~3回にわけてくわえながら、ゴムベラでつやが出るまでよくねる。小さい器にとりわけ、それぞれ水でといた食用色素を入れて色をつけたら、スプーンで②のクッキーにぬる(P249をみてね)。

④アイシングがかわいたらチョコペンで顔をかく。

大小大きさのちがう丸い抜き型を使うよ!

ドーナツ型クッキー

材料（直径7cm の丸型 約 20 枚分）

バター…100g
砂糖…60g
卵…1/2個
薄力粉…200g
好きな色のチョコペン…各1本

つくり方

①型抜きクッキーの1～5と同じようにして生地をつくる。

②①の生地を大きいほうの丸い抜き型で抜き、その中心を小さいほうの丸い抜き型で抜いてドーナツのようにして、170℃のオーブンで15分ぐらい焼く。(くりぬいた丸型をいっしょに焼いてもOK！)

⑤冷めたらチョコペンでメッセージをかく。

チェッククッキーのつくり方

材料（3×3cm、長さ8cm 2本分、20枚）

〈プレーン生地〉

バター…25g　砂糖…20g　薄力粉…50g

〈ココア生地〉

バター…25g　砂糖…20g　薄力粉…50g

ココア…大さじ1　水…小さじ1

つくる前にやっておこう

バターを1㎝角に切り冷蔵庫で冷やす。天板にオーブンシートをしく。

必要な道具

オーブン

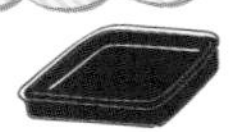

オーブンの天板

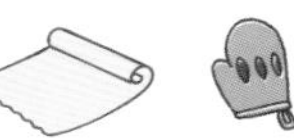

オーブンシート

オーブンミトン

フードプロセッサー

包丁　まな板

ラップ　定規

つくり方

1 材料をまぜる

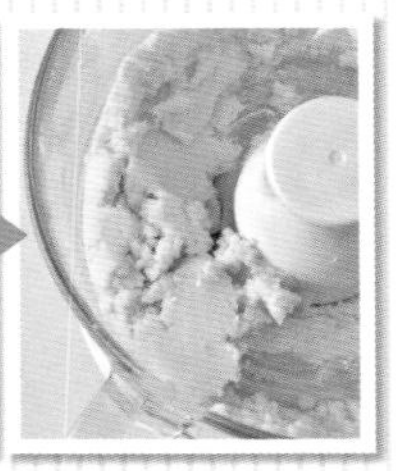

プレーン生地の材料を全てフードプロセッサーに入れ、ひとまとまりになるまでまぜる。ココア生地もおなじようにつくる。

2 生地を成形する

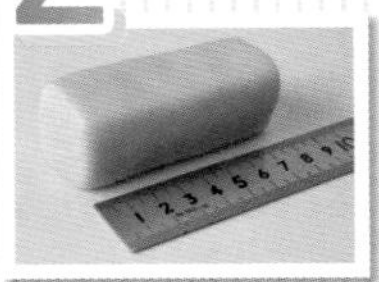

プレーン生地、ココア生地をそれぞれ一辺3㎝、長さ8㎝の四角い棒状にする。ラップに包み冷蔵庫で30分ぐらい冷やす。

3 生地を切る

冷蔵庫からとり出し、それぞれ一辺1.5㎝の棒4本に切る。

4 生地を組みあわせる

色がたがいちがいになるように組みあわせる。同じようにもう1本つくる。

5 生地を休ませる

ラップに包みよく密着させて冷蔵庫で1時間以上冷やして生地を休ませる。

オーブンを160℃にあたためはじめる

6 切って焼く

冷蔵庫からとり出し8㎜の厚さに切り、天板にのせて160℃のオーブンで20～25分焼く。

やけどに注意！

オーブンの中はすごく熱いよ！ とり出すときはかならずオーブンミトンをしよう。

アレンジレシピ

チェッククッキーと同じ材料でつくれる！

フラワークッキー

つくり方

①チェッククッキーの1と同じように、プレーン生地、ココア生地をそれぞれつくる。
②プレーン生地で直径1㎝、長さ8㎝の円柱を6本つくる。
③ココア生地で直径1㎝、長さ8㎝の円柱を6本つくる。
④ココア生地1本のまわりをプレーン生地5本でかこみ、お花の形になるように組み合わせる。プレーン生地のまわりをココア生地でかこんだものもつくる。ラップをし、冷蔵庫で1時間以上冷やす。
⑤8㎜の厚さに切って160℃のオーブンで20～25分焼く。

サクッ!ホロッ♪口のなかでとけちゃう!

スノーボールクッキー

かかる時間
約20分

レベル
かんたん!
✿✿✿

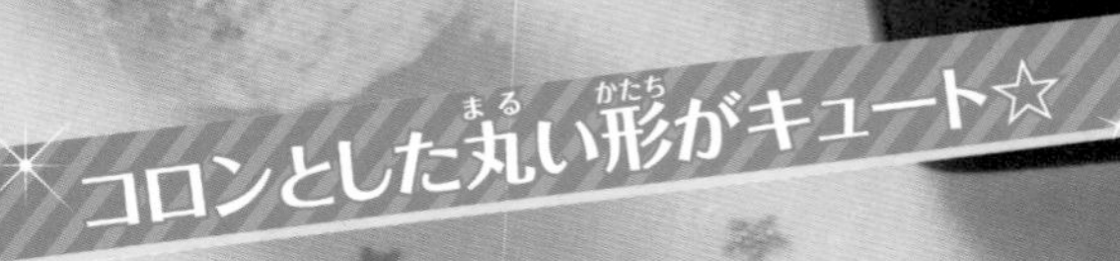

材料（直径2cm 25個分）

薄力粉…80g
アーモンドパウダー…30g
バター…60g　砂糖…大さじ1
粉砂糖…100g

必要な道具

オーブン　オーブンの天板　オーブンシート

オーブンミトン　フードプロセッサー　皿

つくる前にやっておこう

バターを1㎝角に切り、冷蔵庫で冷やす。天板にオーブンシートをしく。

つくり方

オーブンを160℃にあたためはじめる

1 材料をまぜる

粉砂糖以外の材料を全てフードプロセッサーにいれ、まとまるまでまぜる。

2 ボール状に丸めて焼く

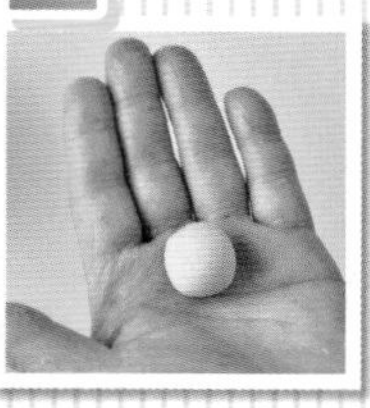

直径約2㎝のボール状に丸めて天板にならべ、オーブンで20～25分焼く。

3 粉砂糖をまぶす

焼けたらすぐに、粉砂糖を入れた皿に入れ、ころがしながらまぶし、そのまま冷ます。冷めたら、もう一度粉砂糖をまぶす。

オーブンの中はすごく熱いよ！とり出すときはかならずオーブンミトンをしよう。

ふっくら＆しっとり☆やさしい甘さ

マドレーヌ

かかる時間 約30分

ちょっとしたプレゼントにもピッタリ♥

材料（7.5 × 5cm のシェル型 6 個分）

卵…1個
砂糖…50g
薄力粉…50g
バター…50g

必要な道具

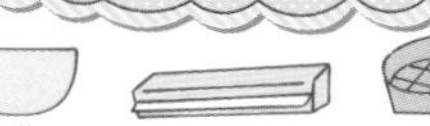

耐熱容器 ×2　ラップ　粉ふるい

電子レンジ　シェル型　ハケ

ゴムべら（小）　茶こし　ボウル

泡だて器　ケーキクーラー　オーブン

つくる前にやっておこう

バターを耐熱容器に入れラップをし、電子レンジで1分加熱してとかし、あら熱をとる。薄力粉をふるう。

つくり方

1 型にバターをぬる

室温にもどしたバター（分量外）をクリーム状になるまでゴムべらでねり、ハケで型にぬって、冷蔵庫で10分ぐらい冷やす。

2 型に粉をふる

1に強力粉（分量外）を茶こしでおおめにふり、よけいな粉を落とす。6でつかうまで、冷蔵庫で冷やす。

3 卵と砂糖をまぜる

ボウルに卵を割りほぐし、砂糖を入れて泡だて器でよくまぜる。

4 薄力粉をまぜる

3に薄力粉を入れて泡だて器でよくまぜる。

5 とかしバターをくわえる

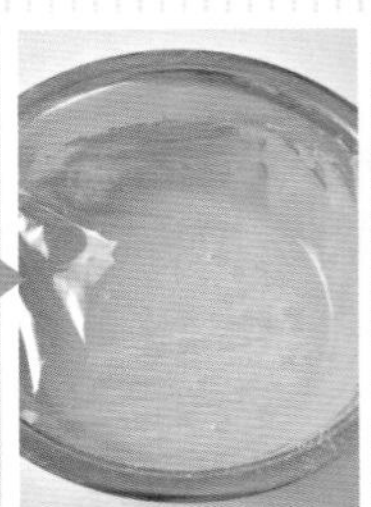

とかしておいたバターをくわえ、泡だて器でよくまぜる。ラップをかけ1時間ほどねかせる。

ポイント

とかしバターは必ず冷ましたものを入れてね。熱いバターだと生地がうまくふくらまないよ。

オーブンを170℃にあたためはじめる

6 オーブンで焼く

5の生地を型に流し入れ、170℃のオーブンで15 ～ 20分焼く。

7 冷ます

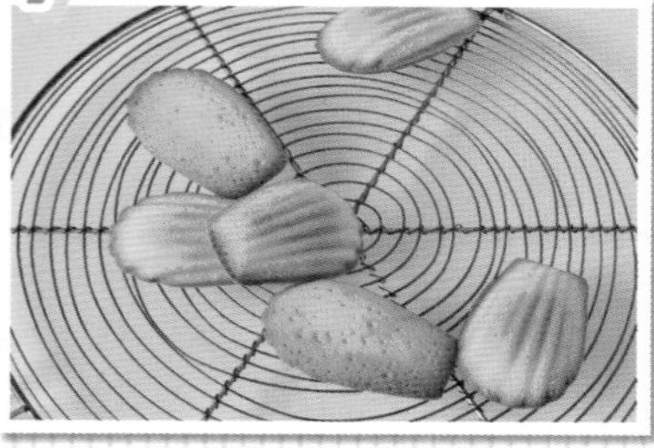

焼けたらすぐにケーキクーラーにとって冷ます。

オーブンの中はすごく熱いよ！ とり出すときはかならずオーブンミトンをしよう。

アレンジレシピ

かわいいミニサイズのココア味

プチチョコマドレーヌ

材料 （4×3cmのミニシェル型24個分）

卵…1個　砂糖…50g
薄力粉…40g　ココア…10g
バター…50g

つくる前にやっておこう

バターをレンジで1分加熱してとかし、あら熱をとる。薄力粉とココアをいっしょにふるう。

つくり方

薄力粉とココアをいっしょにふるったら、プレーン味の1 ～ 7までと同じようにつくる。ただし、焼き時間は7～8分と短めに。

チュイール

かかる時間 約30分

レベル ふつう

アーモンドの香ばしさが
口いっぱいにひろがる★

材料（直径約6cm15枚分）

卵白…1個分　砂糖…40g
薄力粉…20g
スライスアーモンド…40g
バター…10g

つくる前にやっておこう

薄力粉をふるう。バターを耐熱容器に入れラップをし、電子レンジで30秒加熱してとかす。天板にオーブンシートをしく。

必要な道具

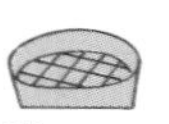
粉ふるい
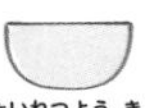
耐熱容器
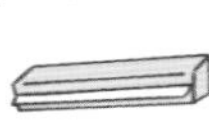
ラップ
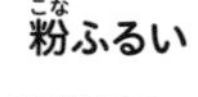

電子レンジ

オーブン

オーブンミトン

オーブンの天板

オーブンシート

ボウル

泡だて器

ゴムべら
スプーン

めん棒

つくり方

オーブンを170℃にあたためはじめる

1 卵白と砂糖をまぜる

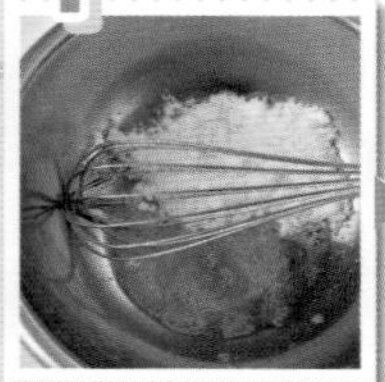
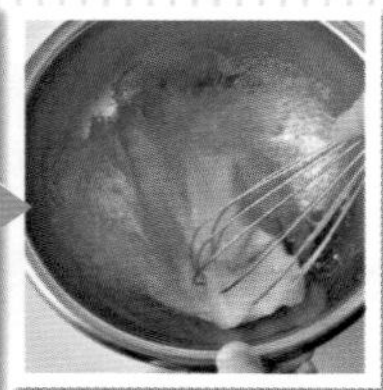

ボウルに卵白を入れ泡だて器でほぐしてコシをとり、砂糖を入れよくまぜる。

2 薄力粉とバターを入れてさらにまぜる

1に薄力粉を入れてよくまぜ、とかしておいたバターを入れてさらにまぜる。

3 アーモンドをくわえる

2にスライスアーモンドをくわえ、ゴムベラでさっくりまぜる。

ポイント
アーモンドをつぶさないように、やさしくまぜてね。

アレンジレシピ

シガレット

材料（12本分）

卵白…1個分　砂糖…40g
薄力粉…30g　バター…20g

つくり方

①チュイールの1～2と同じ手順で、アーモンドを入れない生地をつくる。
②天板にティースプーン山盛り1杯分くらい生地を落とし、直径8㎝にひろげる。
③170℃のオーブンで10分ぐらい焼く。薄く焼き色がついたら1枚ずつとり出し、箸にくるくる巻きつけてつつ状にする。

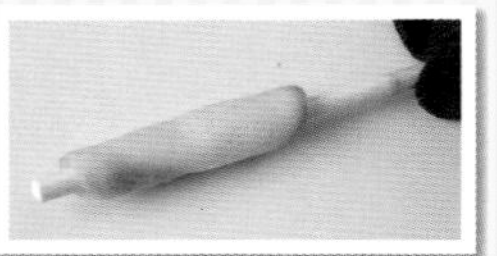

4 天板に広げて焼く

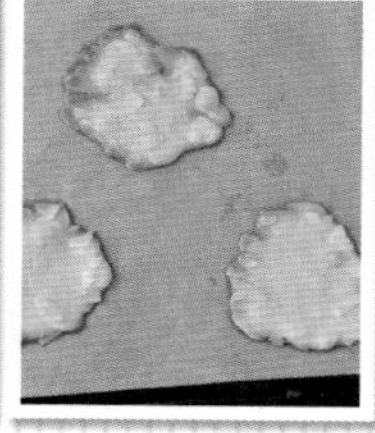

天板にティースプーン1杯分くらい生地を落とし、直径6㎝くらいにひろげ、170℃のオーブンで10分、全体がきつね色になるまで焼く。

5 カーブをつける

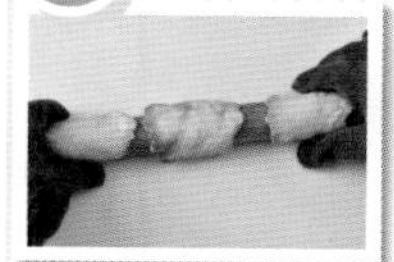
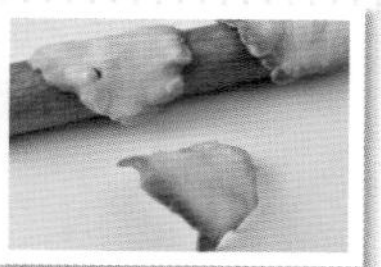

焼けたら軍手をはめてすぐにめん棒の上にのせてカーブをつけ、そのまま冷ます。

やけどに注意!

オーブンの中とチュイールはすごく熱いよ!
かならずオーブンミトンをつけて作業しよう。

おみくじやうらないを入れたらパーティーがもりあがる!

フォーチュンクッキー

材料（15個分）

卵白…1個分　砂糖…40g
薄力粉…30g　バター…20g

つくり方

①チュイールの1～2と同じ手順で、アーモンドを入れない生地をつくる。
②天板にティースプーン山盛り1杯分くらい生地を落とし、直径6㎝にひろげる。
③170℃のオーブンで8分ぐらい焼く。薄く焼き色がついたら1枚ずつとり出し、半分に折ってから茶碗のふちなどに押し付けて形をつくる。

④おみくじやうらないを書いた紙を③にはさむ。

三角がとってもキュート

テトラ型包み

用意するもの

- 袋
- マスキングテープ

1 袋の口をあけてお菓子を入れる。

2 ☆印をあわせるようにして、口をとじる。

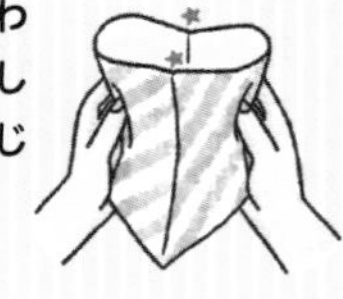

3 口を折り、マスキングテープでとめる。

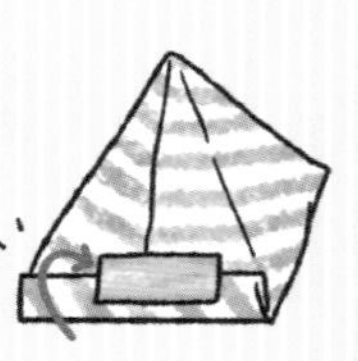

スイーツをつくったら、かわいくラッピングしてプレゼントしちゃおう!

ボタン・プラバン・麻ひもで

オリジナルリボン

用意するもの

- ●ボタン
- ●工作用プラバン
- ●はさみ　●油性ペン
- ●穴あけパンチ
- ●アルミホイル
- ●オーブントースター
- ●オーブンシート
- ●辞書などのあつい本
- ●麻ひも　●袋
- ●接着剤

1 プラバンを5×5cmのハート型に切り、油性ペンでメッセージを書き、パンチで穴を1か所あける。

2 オーブントースターに、くしゃくしゃにしたアルミホイルを入れて、そのうえに1をのせて焼き、焼きあがったらオーブンシートにはさみ、辞書などをのせてまっすぐにする。

3 袋にお菓子を入れてふたをしめる。

4 ボタンとプラバンに麻ひもをとおし、接着剤で袋にかざりつける。

ビジュアル◎のスイーツにぴったり★

スケルトンラッピング

●透明カップ
●マスキングテープ

1 カップをあけてスイーツを入れ、ふたをしてさかさまにする。

2 マスキングテープをリボンのようにして、1にはる。

ポイント

マスキングテープは、いろんな柄があってかわいいよね！　太さもいろいろだから、好みにあわせてえらぼう！

キラキラお菓子のつめあわせ♥

クッキー缶

用意するもの

- 缶
- ペーパーナプキン

ポイント

いろんなクッキーが入っているゴージャスなプレゼントだよ。缶は100円ショップでも買えるよ！

1. 缶の中にペーパーナプキンをしく。
2. 大きめのクッキーから、缶に入れる。
3. すきまをうめるように、小さめのクッキーを入れる。

Part 2

バレンタインにぜったいつくりたい!

魅惑のチョコスイーツ

たくさんつくってくばれる友チョコや、親友にあげたいスペシャルなデコチョコ、
気になるカレにあげたい本格チョコがつくれるよ!

本当はユウト君に
本命チョコ
わたしたいんじゃない？
わっ
なんで知ってるの!?
ふふふ

一度にたくさん
つくれる友チョコや
本命のカレにあげたい
チョコスイーツを
おしえてあげる!

市販のチョコプレッツェルがかわいく変身！

キラキラチョコバトン

かかる時間
約15分

あなたのセンスでステキにデコってみて★

材料（6本分）

チョコプレッツェル…6本
チョコペン（茶・白）…各1本
トッピングシュガー、
　アラザン…適量

マグカップ

つくる前にやっておこう

マグカップに40℃ぐらいのお湯をそそぎ、
チョコペンを入れてやわらかくする。

つくり方

1

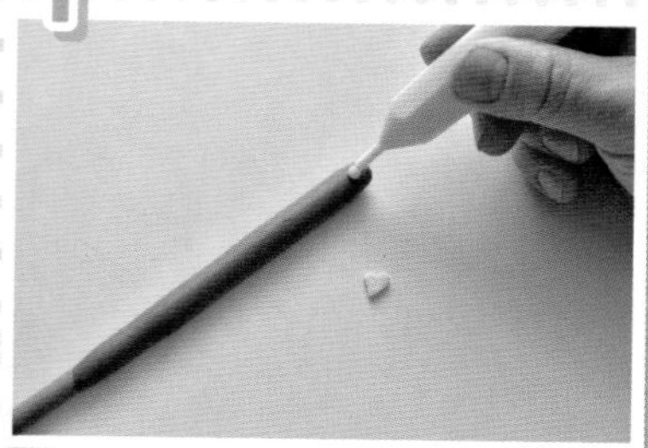

チョコペンをプレッツェルにつける。

2 かざる

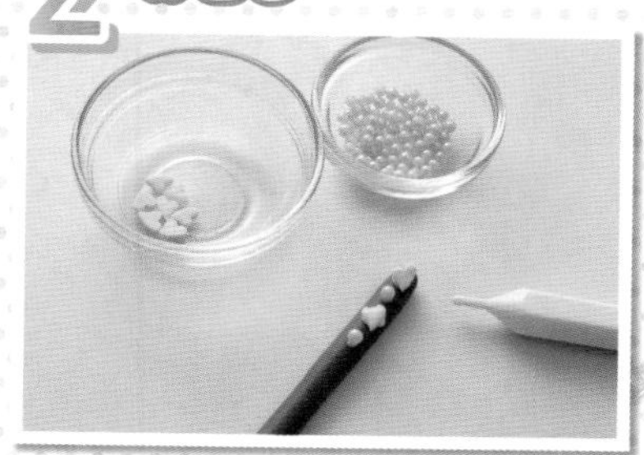

好きなトッピングシュガーやアラザンをはりつける。

ポイント

トッピングシュガーにチョコをつけてから、プレッツェルにはってもOK。チョコペンはかたまりやすいから、つけたらすぐにトッピングシュガーをはってね。

ポテチがゴージャスにレベルアップ

ポテチチョコ

かかる時間
約10分

レベル
かんたん!
✿✿✿

甘じょっぱさがクセになるおいしさ!

材料（6枚分）

ポテトチップス…6枚
チョコペン（茶・白）…各1本
トッピングシュガー…適量

必要な道具

マグカップ

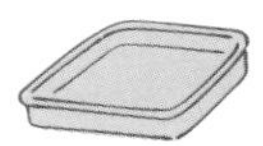
バット

マグカップに40℃ぐらいのお湯をそそぎ、チョコペンを入れてやわらかくする。

1 ななめに線をかく

バットにポテトチップスをならべる。ポテトチップスにチョコペンでななめに線をかく。

2 逆から線をかく

別の色で逆からななめに重ねて線をかく。

3 かざる

チョコがかたまる前にトッピングシュガーをふりかける。

キュートにデコってオリジナルチョコをつくろう

プリティカップチョコ

かかる時間（じかん）
約（やく）30分（ぷん）

レベル
かんたん！

カラフルなトッピングで友（とも）チョコにぴったり★

材料（約3×3cmのハート型のアルミカップ6個分）

チョコレート…50g
生クリーム…20ml
トッピングシュガー、アラザン、カラフルチョコ…適量

必要な道具

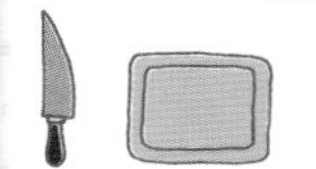

包丁　まな板　電子レンジ　耐熱容器

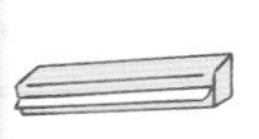

ラップ　ゴムべら　スプーン　アルミカップ

つくる前にやっておこう

チョコレートをきざむ。

つくり方

1 チョコをとかす

耐熱容器に生クリームを入れ、ラップをかけて500wのレンジで30秒加熱し、チョコレートをくわえ、ゴムべらでぜんぶとけるまでよくまぜる。

2 カップに流し入れる

アルミカップにスプーンで流し入れ、5分ほどおく。

ポイント
カップめいっぱいまで、チョコをいれよう

3 かざる

好みのトッピングでデコレーションし、冷蔵庫で1時間ぐらい冷やしかためる。

くしにさしてあるから食(た)べやすいよ★

マシュマロハートチョコ

かかる時間(じかん) 約(やく)60分(ぷん)

レベル かんたん!

ハート&キラキラアラザンがラブリー♥

つくり方(かた)はP.70を見(み)てね

マシュマロをビスケットでサンドしてチョコをかけたよ

天使のふわふわチョコパイ

かかる時間 約20分

レベル かんたん!

3つのお菓子をいっしょに食べられるしあわせ♥

つくり方はP.72を見てね

マシュマロハートチョコのつくり方

材料（3×4cmのハートのマシュマロ6個分）

ハート型のマシュマロ（白やピンク）…6個
チョコレート…100g
ホワイトチョコレート…100g
アラザン（大・小）…適量

必要な道具

つくる前にやっておこう

チョコレートをテンパリングする（P252を見てね）。

つくり方

1 チョコをつける

テンパリングしたチョコレートにマシュマロの半分をつける。

2 バットにおく

ラップをしいたバットの上にのせる。

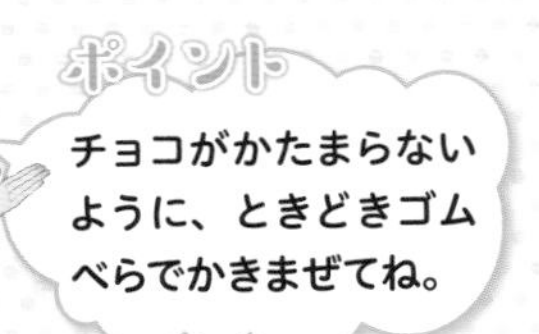

ポイント
チョコがかたまらないように、ときどきゴムべらでかきまぜてね。

3 かざる

チョコレートがかたまらないうちに、アラザンでかざる。

ポイント
チョコレートは室温でも10分ぐらいでかたまるから気をつけて！

4 くしにさす

竹ぐしにさしてできあがり。

ポイント
竹ぐしにさすときは、チョコがついていないところをもってね。

アレンジレシピ

ふわふわでかわいい雪だるま♥

マシュマロスノーマンチョコ

材料（直径3cm×高さ3cm、2個分）

ビスケット…2枚
マシュマロ（大）…2個
チョコペン
（茶・オレンジ・白）…各1本

つくり方

①マシュマロに茶色とオレンジのチョコペンで顔をかく。
②ビスケットの上をおおうように白いチョコペンをぬる。
③②がかたまらないうちに①をのせ、茶色のチョコペンで手をかく。

天使のふわふわチョコパイのつくり方

材料（5個分）

ビスケット（直径約7㎝）…10枚
マシュマロ（大きいサイズ、白・緑・ピンク・黄など）…5個
ホワイトチョコレート…100g
好きな色のチョコペン…各1本

つくる前にやっておこう

チョコレートをテンパリングする（P252を見てね）。マグカップに40℃ぐらいのお湯をそそぎ、チョコペンを入れてやわらかくする。

必要な道具

つくり方

1 マシュマロを加熱する

ビスケットにマシュマロをのせ、レンジで10～15秒加熱し、マシュマロがふくらんできたら取り出す。

2 マシュマロのねばりけを出す

スプーンの背でマシュマロを押し、ねばりけを出す。

ポイント

ねばりけを出すと、もう1枚ビスケットをのせたときにくっつきやすくなるよ。

3 ビスケットをかさねる

もう1枚のビスケットをマシュマロの上に置き、上から少しおさえる。

4 チョコをつける

テンパリングしたチョコレートに3の半分をつける。

5 もようをかく

ラップをしいたバットの上にそっとのせ、チョコペンで好きなもようをかく。

型抜きチョコ

かかる時間 約20分

レベル かんたん！

シンプルでみんなによろこばれる味！

つくり方はP.76を見てね

かわいいいちごがさらにキュートに！

ストロベリーショコラ

レベル
かんたん！

かかる時間
約10分

いちごの甘ずっぱさがチョコに合う！

つくり方はP.78を見てね

型抜きチョコのつくり方

材料（1個7mlのシリコン型15個分）

チョコレート…80g
ストロベリーチョコレート…80g

必要な道具

つくる前にやっておこう

チョコレートをテンパリングする（P252を見てね）。

つくり方

1 ピンクのチョコを流し入れる

テンパリングしたストロベリーチョコレートを型の半分までスプーンで流し入れる。型をトントンとテーブルに落として表面をたいらにならして、30分ほど冷やしかためる。

2 茶色いチョコを流し入れる

かたまった1の上に、茶色のチョコレートをスプーンで流し入れる。型をトントンとテーブルに落とし、冷蔵庫で1時間ぐらい冷やしかためる。

3 とり出す

チョコレートがかたまったら、型から押し出してそっととり出す。

アレンジレシピ

うずらの卵のパックを使ってつくろう

イースターエッグチョコ

材料（直径2.5cmのうずらの卵型10個分）

ホワイトチョコレート…100g
好きな色のチョコペン…各1本

つくり方

①半分に切ったうずらの卵のパックに、チョコペンで水玉もようをかく。

②テンパリングしておいたチョコレートをスプーンで流し入れ、冷蔵庫で1時間以上冷やしかためる。

③かたまったら型からとり出し、チョコペンを接着剤がわりにしてくっつける。

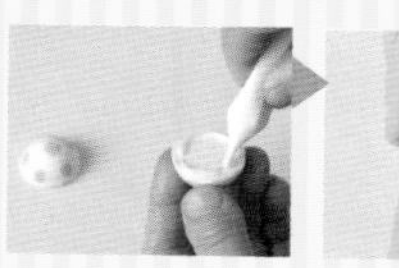

ストロベリーショコラのつくり方

材料（6個分）

いちご…6個
ホワイトチョコレート…100g
ストロベリーチョコレート…100g

必要な道具

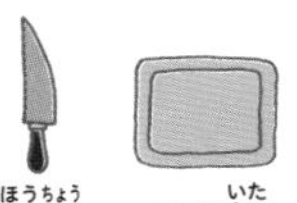

包丁　まな板　なべ　ボウル

ゴムべら　ふきん　ラップ　バット

つくる前にやっておこう

チョコレートをテンパリングする（P252を見てね）。いちごを冷蔵庫から出す。

つくり方

1 いちごのよごれをとる

かたくしぼったぬれぶきんで、いちごのよごれをやさしくふく。

2 チョコをつける

いちごのへたをつまみ、テンパリングしたストロベリーチョコレートに画像のようにななめにつける。

3 逆にもチョコをつける

引き上げて、逆側もつける。

ボウルの中のチョコはかたまらないように、ときどきゴムべらでまぜてね。

4 冷やしかためる

ラップをしいたバットの上にのせ、冷蔵庫で30分くらい冷やしかためる。

ポイント

左右にちがう色のチョコレートをつけるときは下のようにやってみてね。片側にチョコレートをつけたら、ラップをしいたバットの上に置き、冷蔵庫で10分くらい冷やしかためる。かたまったら、逆側にちがう色のチョコレートをつけ、ラップをしいたバットの上に置き、冷蔵庫で30分ぐらい冷やしかためる。

プチ アレンジレシピ

いちご以外にもチョコをコーティング!

ドライフルーツチョコ

マンゴーやアプリコットのドライフルーツに、とかしたチョコをつけてみよう。おしゃれなスイーツになるよ。

アレンジレシピ

パパや気になるカレにあげたい♥

いちごのタキシード

材料（6個分）

いちご…6個
ホワイトチョコレート…100g
チョコレート…100g
チョコペン（茶色）…1本

つくり方

①室温にもどしたいちごを、かたくしぼったぬれぶきんでふく。テンパリングしたホワイトチョコレートにいちごをひたし、ラップをしいたバットの上にのせて5分ほどおいてかためる。

②①をテンパリングした茶色のチョコレートに左右からななめにひたし、ラップをしいたバットの上にのせる。チョコがかたまったら、チョコペンでボタンをかき、冷蔵庫で30分ほど冷やす。

グラノーラのザクザク食感がたのしい♥

ピンクチョコクランチ

レベル
かんたん!
✿✿✿

かかる時間
約20分

好きな大きさに切って食べよう★

材料（一辺12cmの角型1枚分）

ストロベリーチョコ…120g
フルーツグラノーラ…80g
ミックスドライフルーツ…30g

必要な道具

つくる前にやっておこう

オーブンシートを型の大きさに合わせて切り、四すみにはさみで切りこみを入れ、型にしく。チョコレートをきざんで湯せんにかけてとかす。

つくり方

1 チョコとグラノーラをまぜる

とかしておいたチョコレートに、フルーツグラノーラと1/2量のミックスドライフルーツを入れて、ゴムべらでよくまぜる。

2 型に流して冷やしかためる

型に流し表面をゴムべらで平らにならし、上に残りのミックスドライフルーツをちらして、冷蔵庫で1時間ぐらい冷やしかためる。

3 型からはずして切る

かたまったら型からはずして食べやすい大きさに切る。

ハート型(がた)にしぼり出(だ)してかためよう

ハートガナッシュ

かかる時間(じかん) 約(やく)30分(ぷん)

レベル ふつう

かんたんだけど、おいしさパティシエ級(きゅう)!

つくり方(かた)はP.84を見(み)てね

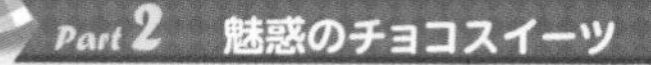

ちょっと大人のリッチな味わい

とろける生チョコ

かかる時間 約40分

レベル ふつう

本命カレへのプレゼントはこれで決まり♥

つくり方はP.86を見てね

ハートガナッシュのつくり方

材料（4×4cmのハート型約15個分）

チョコレート…50g
生クリーム…20ml
ハートのトッピングシュガー、
　カラーシュガー…適量

必要な道具

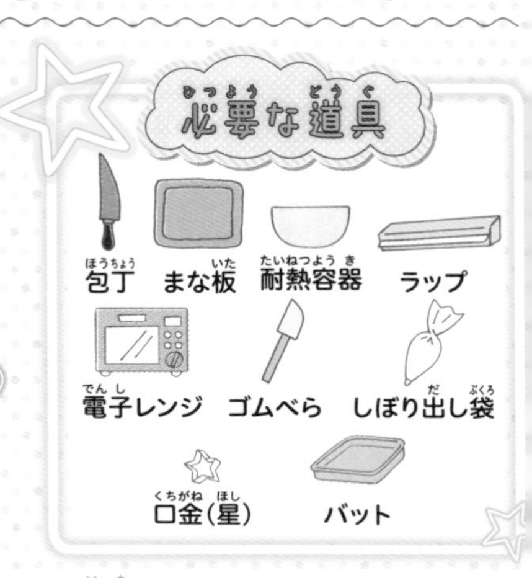

チョコレートをきざむ。

つくり方

1 生クリームをあたためる

耐熱容器に生クリームを入れ、ラップをしてレンジで30秒加熱する。

2 チョコレートをとかす

1にきざんでおいたチョコレートをくわえ、とけるまでゴムべらでよくまぜる。

ポイント

とけきらないときは、さらに10秒ほどレンジで加熱しよう。

3 チョコレートをさます

そのまま15〜20分ぐらい置き、しぼれるかたさになるまで冷ます。

4 チョコレートをしぼる

口金をつけたしぼり出し袋に入れ、ラップをしいたバットの上にハート型にしぼり出す。

5 かざる

トッピングシュガーやカラーシュガーでかざり、冷蔵庫で1時間ぐらい冷やしかためる。

プチアレンジレシピ

いろんな色や味ができちゃう♡

ホワイトガナッシュ

ホワイトチョコでつくれば、夢かわいい白のガナッシュに！　チョコと生クリームを3：1の割合でつくってね。

フルーツガナッシュ

好きなフルーツをミキサーに入れてジュース状にし、こし器でこしたものをガナッシュにまぜよう。おすすめはフランボワーズ！

コーヒーガナッシュ

お湯にとかしたインスタントコーヒーをまぜると、コーヒー風味のガナッシュになるよ！

とろける生チョコのつくり方

材料（一辺15cmの角型1枚分・25個分）

チョコレート…200g
生クリーム…100ml
ココアパウダー…適量

必要な道具

つくる前にやっておこう

型にオーブンシートをしく。
チョコレートをきざむ。

つくり方

1 生クリームをあたため、チョコレートをとかす

鍋に生クリームを入れ、中火にかける。生クリームがぶくぶくしてきたら火を止め、きざんだチョコレートを入れたボウルに入れ、ゴムベラでまぜる。

2 型に入れて冷やす

型に流し入れ、トントンとテーブルに落としてたいらにならし、冷蔵庫で3時間以上冷やしかためる。

3 はしを切る

型からはずしオーブンシートをはがす。四方のはしをそれぞれ1cmぐらいずつ切り落として形をととのえる。

4 切り分ける

残りを2㎝角に切る。

5 ココアをまぶす

ココアをしいたバットに4を入れ、全体にまぶす。

プチアレンジレシピ

フレーバーのちがうチョコをたのしもう

オレンジ生チョコ

生クリームのかわりにオレンジジュースを入れるよ。フルーティーな味に。

ホワイト生チョコ

チョコレートのかわりにホワイトチョコレートをつかおう。しあげはココアより粉砂糖が◎。

紅茶の生チョコ

生クリームをあたためるときに紅茶のティーパックを1個入れると、紅茶風味がつくよ。

まっ茶の生チョコ

チョコレートはホワイトチョコを使用。生クリームに小さじ1/2ぐらいのまっ茶をとかそう。しあげもまっ茶をふってね。

まぜてまるめるだけでできちゃうよ♡

ホワイトトリュフ

かかる時間 約40分

レベル ふつう ✿✿✿

コーンフレークがアクセント★

つくり方はP.90を見てね

クリームと材料をかさねるだけのラクチンスイーツ

スコップチョコケーキ

かかる時間 約30分

レベル かんたん!

大きなスプーンでとりわけて食べよう!

つくり方はP.92を見てね

ホワイトトリュフのつくり方(かた)

材料(ざいりょう)（8個分(こぶん)）

ホワイトチョコレート…50g
生(なま)クリーム…20ml
コーンフレーク…40g
粉砂糖(こなざとう)…適量(てきりょう)

つくる前(まえ)にやっておこう

チョコレートをきざむ。

つくり方(かた)

1 コーンフレークをくだく

ジッパーつき保存袋(ほぞんぶくろ)にコーンフレークを入れ、めん棒(ぼう)でたたいてくだく。

ポイント

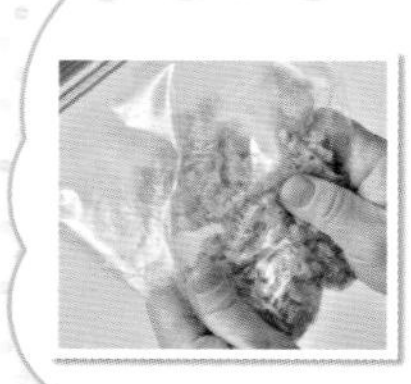

めん棒(ぼう)がないときは、手(て)でくだいてもOK！

2 生クリームを加熱し、チョコをとかす

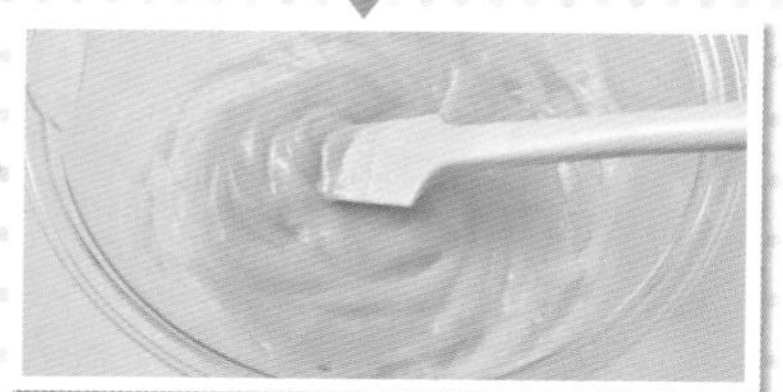

耐熱容器に生クリームを入れてラップをかけ、電子レンジで30秒加熱する。きざんだホワイトチョコレートを入れ、チョコがとけるまでゴムべらでよくまぜる。とけきらないときは、さらに10秒ぐらいレンジで加熱してね。

3 コーンフレークを入れてまぜる

2にコーンフレークを入れ、ゴムべらでまぜる。

4 まるめる

生地がしっかりなじんだら、計量スプーンで大さじ1ぐらいを手にとってまるめる。

5 粉砂糖をまぶして冷やす

粉砂糖をしいたバットのうえに4をころがし、粉砂糖を全体にまぶし、冷蔵庫で1時間ぐらい冷やしかためる。

スコップチョコケーキのつくり方

材料（縦6×横20×高さ13cmの容器1個分）

市販のカステラ…60g（3～4切れ）
バナナ…2～3本　砂糖…40g
クリームチーズ…200g
生クリーム…150g
チョコレートクッキー…10枚
板チョコ、ココア…適量

必要な道具

つくる前にやっておこう

クリームチーズを室温にもどす。
クッキーをくだく。カステラを切る。

つくり方

1 クリームチーズと砂糖をまぜる

クリームチーズをボウルに入れ、ハンドミキサーでやわらかくし、砂糖を入れてさらにまぜる。

2 生クリームをまぜる

1に生クリームを3回にわけて入れ、そのつどハンドミキサーでまぜる。

3 カステラをしく

容器にカステラをしく。

4 チーズクリームをのせる

3に2の1/2量をのせ、ゴムべらでたいらにひろげる。

5 バナナとクッキーをのせる

4に、切ったバナナとくだいたクッキーをのせる。

6 チーズクリームをのせる

5に残りの2をのせ、ゴムべらでたいらにひろげる。

7 かざる

くだいたクッキー、食べやすい大きさにわった板チョコ、切ったバナナをのせる。

8 ココアをふる

最後に茶こしでココアをふりかける。

クリスマスやバレンタインにおすすめ

チョコサラミ

かかる時間 約30分

サラミみたいな見た目だけど、
切ったら中はカラフル!

つくり方はP.96を見てね

チョコの苦みがきいた大人っぽい味

ブラウニー

かかる時間 約30分

レベル ふつう

切り分けてプレゼントにしても よろこばれる♥

つくり方はP.98を見てね

チョコサラミのつくり方

材料（直径3cm、長さ20cm 1本分）

チョコレート…100g
バター…10g
カラーマシュマロ
（ミニサイズ）…20g
ビスケット…40g
ミックスナッツ
（素焼き・無塩）…20g
ミックスドライフルーツ…20g
粉砂糖…適量

必要な道具

つくる前にやっておこう

ビスケットは手であらくくだく。チョコレートをきざんで湯せんにかけてとかす。

つくり方

1 チョコレートとバターをまぜる

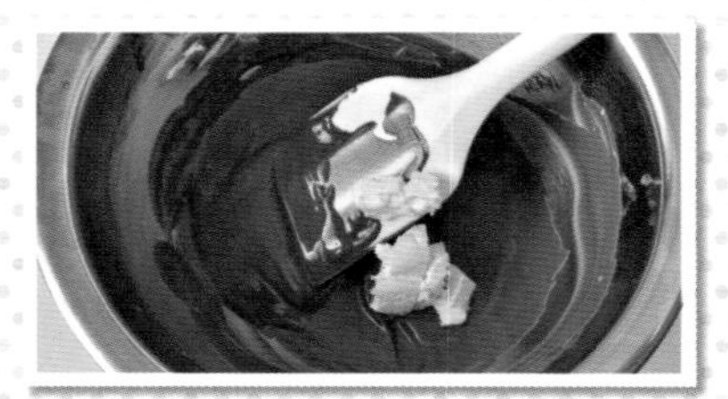

とかしたチョコレートに、小さく切ったバターをくわえ、バターがとけるまでゴムべらでよくまぜる。

2 具をくわえてまぜる

1にマシュマロ、ビスケット、ナッツ、ドライフルーツをくわえてゴムべらでチョコとしっかりからまるまでまぜる。

3 形(かたち)をととのえる

バットにしいたラップの上(うえ)に2を流(なが)し入(い)れ、つつ状(じょう)にかたちをととのえる。

4 ラップでまいて冷(ひ)やす

ラップのはしをひねり、冷蔵庫(れいぞうこ)で1時間(じかん)ぐらい冷(ひ)やしかためる。

5 粉砂糖(こなざとう)をまぶす

かたまったら、粉砂糖(こなざとう)をしいたバットの上(うえ)におき、全体(ぜんたい)にまぶす。

6 切(き)る

1㎝ぐらいの厚(あつ)さに切(き)る。

ブラウニーのつくり方

材料（一辺18cmの角型1枚分）

チョコレート…90g
バター…100g
砂糖…120g
卵…2個
A｜薄力粉…50g
　｜ココアパウダー…15g
クルミ（ロースト）…50g

かざり用
クルミ（ロースト）…適量

必要な道具

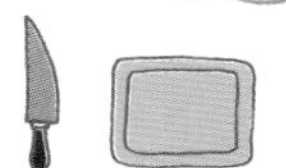
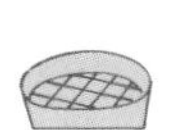
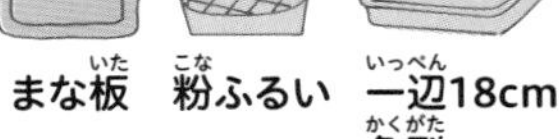

包丁　まな板　粉ふるい　一辺18cm角型

オーブンシート　ボウル　なべ　ゴムべら

泡だて器　オーブン　オーブンの天板

オーブンミトン　網

つくる前にやっておこう

チョコレートをきざむ。室温にもどした卵をときほぐす。バターを室温にもどす。Aをあわせてふるう。クルミをあらくきざむ。型にオーブンシートをしく。

つくり方

1 チョコレートとバターをとかす

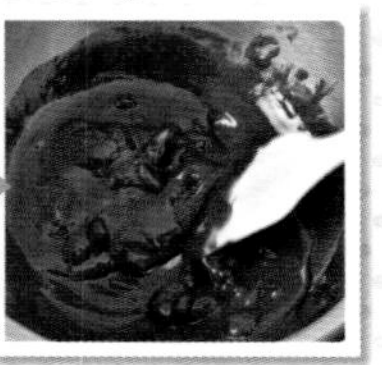

ボウルにチョコレートとバターを入れ、湯せんにかけてとかす。

オーブンを180℃にあたためはじめる

2 砂糖をまぜる

とけたら湯せんからはずし、砂糖を入れて泡だて器でまぜる。

3 卵をまぜる

2にときほぐした卵を入れてまぜる。

4 粉ものとクルミを入れる

3にあわせてふるったA、きざんだクルミを入れ、粉が見えなくなるまでゴムべらでまぜる。

やけどに注意!

オーブンの中はすごく熱いよ！ とり出すときはかならずオーブンミトンをしよう。

5 型に流す

型に流し、たいらにならす。

6 オーブンで焼く

かざり用のクルミをちぎってのせ、180℃のオーブンで30〜35分焼く。

7 冷ます

焼けたら型からとり出し、網にのせて冷ます。

外はフワッと、中はしっとりチョコケーキ

ガトーショコラ

かかる時間 約60分

レベル
ちょいムズ
✿✿✿

ちょっとムズかしいけどおいしさは◎!

材料（直径15cmの丸型1個分）

- チョコレート…120g
- バター…30g
- 卵…2個
- 砂糖…60g
- 薄力粉…30g
- 牛乳…30ml
- 粉砂糖…適量

必要な道具

つくる前にやっておこう

チョコレートをきざむ。型にオーブンシートをしく。卵黄と卵白をわけ、卵白は使うまで冷蔵庫に入れておく。薄力粉をふるう。バターと牛乳は室温にもどす。

つくり方

1 チョコレートとバターをとかしてまぜる

ボウルにチョコレートとバターを入れ、湯せんにかけてとかし、ゴムべらでまぜる。

2 卵黄と砂糖をくわえてまぜる

別のボウルに卵黄を入れてほぐし、半量の砂糖をくわえ、泡だて器で白っぽくなるまですりまぜる。

3 材料をまぜあわせる

2に1をくわえてよくまぜる。

4 牛乳をくわえてなめらかにする

3に牛乳をくわえてなめらかになるまでまぜる。

オーブンを180℃にあたためはじめる

5 メレンゲをつくる

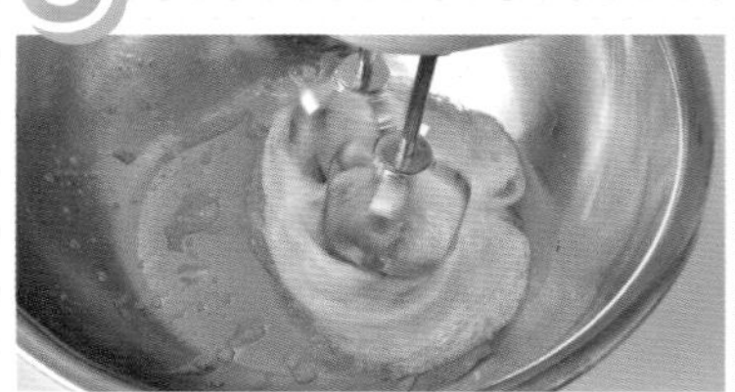

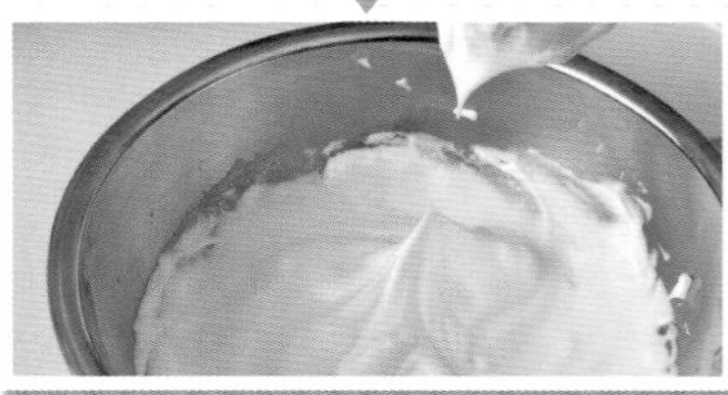

別のボウルに卵白を入れ、残りの砂糖を3回にわけてくわえながら、そのつどハンドミキサー（高速）でまぜる。ツノがピンと立つまで泡だてる。

6 生地にメレンゲをくわえる

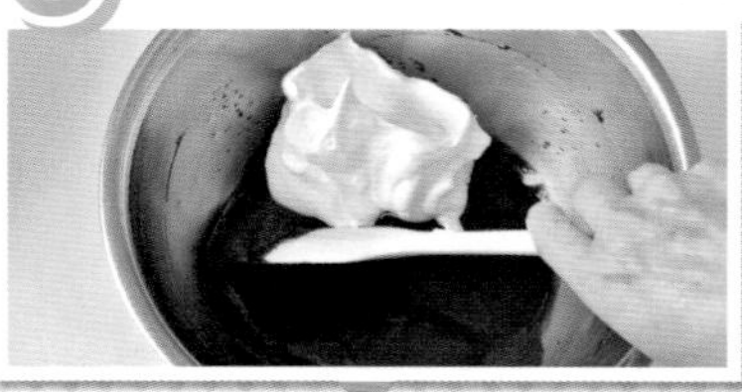

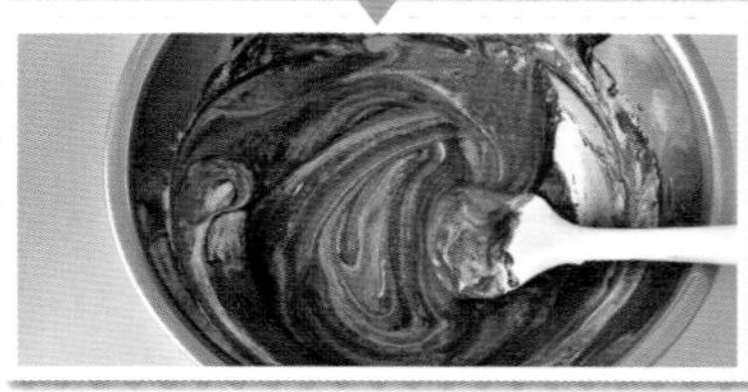

4に5の1/3量をくわえ、ゴムべらでまぜてなじませる。

7 粉をまぜる

半量の薄力粉を6にくわえてゴムべらでまぜる。

8 メレンゲをくわえる

7に残りのメレンゲをくわえてまぜる。

9 粉をくわえる

残りの薄力粉をくわえてまぜる。

10 型に流して焼く

型に流し入れたら、テーブルにトントンと軽く落として空気をぬき、180℃のオーブンで30～35分焼く。

11 冷まして型からはずしてしあげる

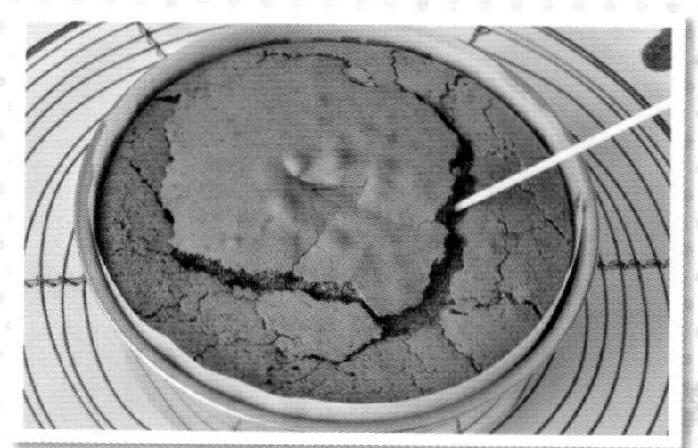

中心にむかって竹串をさして、生地がついてこなければできあがり。型のままケーキクーラーにのせてあら熱をとり、冷めたら缶の上などに置いて型からはずし、茶こしで粉砂糖をかける。

やけどに注意!

オーブンの中はすごく熱いよ！ とり出すときはかならずオーブンミトンをしよう。

ドキドキ♡チョコうらない

スタート

カレが好きな音楽は？
A　ロック系
B　アイドル系
（A→「カレを色にたとえると？」へ／B↓）

カレは給食を食べるのが
A　はやい
B　ゆっくり
（A→「カレの好きな肉料理は？」へ／B↓）

カレは何月うまれ？
A　4～10月
B　11～3月
（A→「カレはめがねを」へ／B↓チョコサラミ）

カレを色にたとえると？
A　赤
B　青
（A→／B↓）

カレの好きな肉料理は？
A　焼肉
B　ハンバーグ
（A→／B↓）

カレはめがねを
A　かけている
B　かけていない
（A→／B↓ハートガナッシュ）

チョコサラミ （P94）

ちょっとクールだけど、話すとおもしろい！　そんなカレには、切ったら中がカラフルなチョコサラミがおすすめ。

ハートガナッシュ （P82）

カレにはストレートに気持ちを伝えたほうがよさそう。ハート型のガナッシュで、カレのハートをゲット！

気になるカレにあげるなら、どのチョコスイーツがぴったりか、
うらなっちゃうよ☆

カレのキャラは？

A　クール系
B　お笑い系

（A → カレの好きなスポーツは？／B → カレが好きなめんるいは？）

カレの好きなスポーツは？

A　サッカー
B　野球

（A → カレが好きなめんるいは？／B → カレが好きな科目は？）

カレが好きなめんるいは？

A　パスタ
B　ラーメン

（A → カレが好きな科目は？／B → カレのランドセルの色は？）

カレが好きな科目は？

A　国語
B　算数

（A → カレがあなたを呼ぶときは？／B → カレのランドセルの色は？）

カレのランドセルの色は？

A　黒または茶
B　黒、茶以外

（A → カレがあなたを呼ぶときは？／B → とろける生チョコ）

カレがあなたを呼ぶときは？

A　呼び捨て
B　○○さん、
またば○○ちゃん

（A → とろける生チョコ／B → ホワイトトリュフ）

とろける生チョコ (P83)

勉強もスポーツもいっしょうけんめいのカレには、大人っぽく生チョコでアプローチしてみて。箱にメッセージをかいたりしてもいいね！

ホワイトトリュフ (P88)

ロマンチックなところがあるカレにはホワイトトリュフがぴったり。黒い箱に入れて赤いリボンをすれば、もっとなかよくなれるかも！

Part 3

これができたらパティシエレベル！

ときめく♡ ラブリーケーキ

スイーツづくりをするなら、やっぱりやってみたいのはケーキ！
見た目はラブリー♡食べたら最高においしいケーキがいっぱい！

わ!
こんなむずかしいの
つくれるかなぁ
初心者でもできるケーキ、
私が教えるよっ!
いっしょに
つくってみよう!

キュートなルックス♥食べてもGOOD!

ケーキポップ

かかる時間 約40分

レベル ふつう ✿✿✿

チョコペンやトッピングシュガーで
楽しくデコしちゃお★

つくり方はP.110を見てね

好きなフルーツをたくさんのせよう♡

フルーツタルトレット

かかる時間 約30分

レベル ふつう ✿✿✿

手づくりカスタードもかんたんにできちゃう★

つくり方はP.112を見てね

ケーキポップのつくり方

材料（直径3cm 6本分）

市販のカステラ…50g
クリームチーズ…30g
ホワイトチョコレート…100g
ストロベリーチョコレート…100g
好きな色のチョコペン…各1本
トッピングシュガー…適量

必要な道具

つくる前にやっておこう

クリームチーズを室温にもどす。チョコレートをテンパリングする（P252を見てね）。バットを裏返してラップをしく。マグカップに40℃ぐらいのお湯をそそぎ、チョコペンを入れてやわらかくする。

つくり方

1 カステラで生地をつくる

カステラを手でこまかくする。

2 クリームチーズをくわえる

クリームチーズをくわえて手でよくまぜる。

3 まるめる

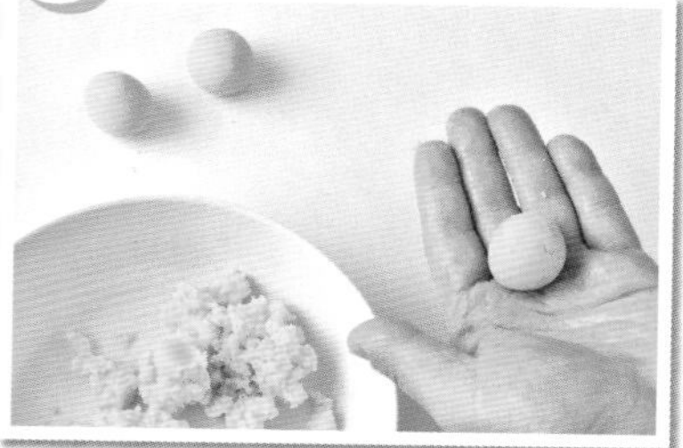

まとまったら、6等分(とうぶん)してまるめる。

4 スティックをつける

スティックの先に、テンパリングしたチョコレートをちょんとつけ、3をさし、冷蔵庫(れいぞうこ)で10分(ぷん)ぐらい冷(ひ)やす。

5 チョコレートをつける

冷(ひ)えたらとり出(だ)してスティックを持(も)ち、テンパリングしたチョコレートにひたし、余分(よぶん)なチョコを落(お)としてから、ラップをしいたバットの上(うえ)に置(お)き、冷蔵庫(れいぞうこ)で30分(ぷん)ぐらい冷(ひ)やす。

6 かざる

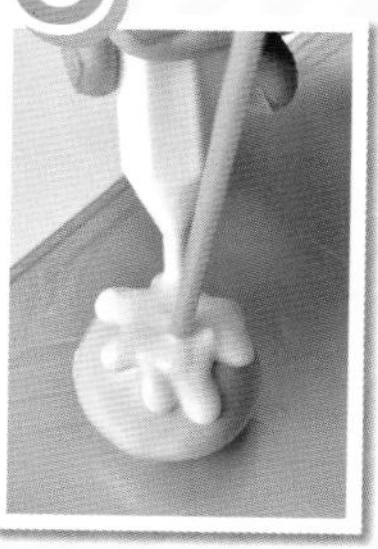

チョコペンやトッピングシュガーでデコレーションする。

フルーツタルトレットのつくり方

材料（直径7cm 3個分）

直径7㎝のクッキータルト（市販）…3個

〈カスタードクリーム〉

A
- 卵…1個　牛乳…200ml
- 薄力粉…20g
- 砂糖…50g
- バター…10g

キウイ…1/2個

いちご…3個

さくらんぼ…3個

ブルーベリー…3個

オレンジ…3房

必要な道具

ボウル　泡だて器　電子レンジ　ゴムべら

オーブンミトン　しぼり出し袋　口金（星）

つくる前にやっておこう

Aでカスタードクリームをつくり冷やしておく（P250を見てね）。

つくり方

1 カスタードクリームをなめらかにする

冷やしたカスタードクリームを、ゴムべらでまぜ、なめらかにする。

2 クリームをしぼり出す

口金をつけたしぼり出し袋に1を入れ、タルトレットにしぼり出す。

3 かざる

タルトレットにめいっぱいクリームを入れたら、フルーツをかざる。

アレンジレシピ

ハロウィンにピッタリ！

パンプキンプチタルト

材料（直径5cm 3個分）

直径5㎝のクッキータルト（市販）…3個
かぼちゃ…100g
砂糖…20g
バター…5g
生クリーム…大さじ1

つくり方

①かぼちゃは皮と種をとって1㎝角に切り、耐熱容器に入れ、ラップをして4分加熱し、やわらかくする。
②①が熱いうちにフォークでつぶし、砂糖とバターを入れてゴムべらでまぜてなめらかにする。
③生クリームを少しずつ入れ、しぼりやすいかたさのパンプキンクリームにする。
④口金（星）をつけたしぼり出し袋に③を入れ、クッキータルトの上にたっぷりしぼり出す。

カスタードホイップが味の決め手！

トライフル

かかる時間 約40分

レベル ふつう ✿✿✿

カステラとクリーム、フルーツを
どんどんかさねるだけでできちゃう★

材料（直径16cmのボウル1個分）

市販のカステラ
…100g（5〜6切れ）

〈カスタードクリーム〉

A
- 卵…1個
- 牛乳…200ml
- 薄力粉…20g
- 砂糖…50g
- バター…10g

〈ホイップクリーム〉

B
- 生クリーム…50ml
- 砂糖…5g

みかん（缶詰）…1缶
バナナ…2本
さくらんぼ…1パック
ミント…少量

必要な道具

ボウル×2　泡だて器

粉ふるい

電子レンジ

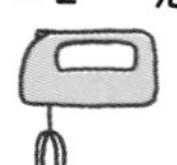

ハンドミキサー

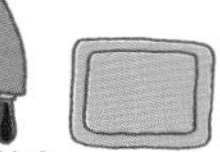

包丁　まな板

直径16cmの容器

つくる前にやっておこう

Aの材料でカスタードクリームをつくって冷やす（P250を見てね）。Bをあわせて8分だてのホイップクリームをつくり冷やす（P248を見てね）。バナナを食べやすい大きさに切る。さくらんぼはかざり用の4〜5個をのぞいて、ぜんぶじくをとり、半分に切ってたねをとる。

つくり方

1 カステラを切る

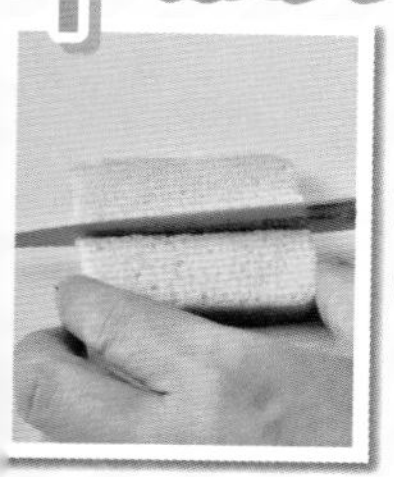

カステラを好みの大きさに切る。

2 カステラをしく

カステラの半量を容器の底にしきつめる。

3 クリームをまぜあわせる

ボウルにカスタードクリームとホイップクリームを入れて、ゴムべらでまぜあわせる。

4 クリームをのせる

2の上に3のクリームの1/3量をのせる。

5 さくらんぼをならべる

4をふちどるように、さくらんぼをならべる。

6 バナナをならべる

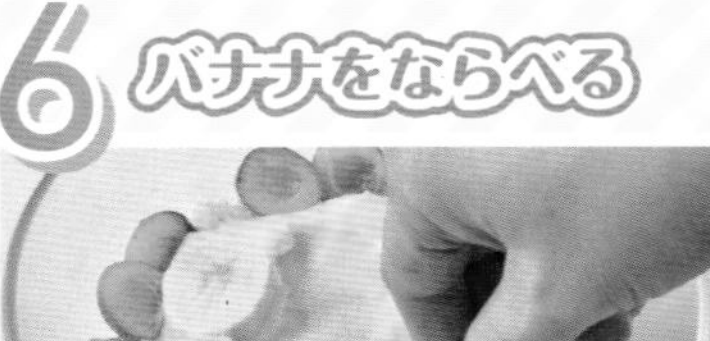

さくらんぼの内側にバナナをならべる。

7 クリームをのせる

6のうえに3のクリームの1/3量をのせる。

8 みかんをのせる

さくらんぼとバナナがかくれるようにクリームをひろげ、みかんでふちどる。

9 カステラをのせる

みかんの内側に残りのカステラをのせる。

10 クリームをのせる

残りのクリームで全体をおおう。

11 かざる

残りのフルーツをバランスよくかざる。

ケーキを切ったらお菓子がとびだす!

かくれんぼケーキ

かかる時間 約30分

レベル ふつう ✿✿✿

サプライズ度バツグンの
お楽しみケーキ

つくり方はP.120を見てね

冷凍パイシートを使うから手軽においしく！

アップルパイ

かかる時間 約60分

レベル ふつう ✿✿✿

サクサクのパイ生地から
ジューシーなりんごがジュワ〜

つくり方はP.122を見てね

かくれんぼケーキのつくり方

材料（直径10cm×高さ8cm 1個分）

バームクーヘン
（市販・直径10cm）…4個
カラフルチョコやグミなどのお菓子
…80～100g
ビスケット…1枚
A | 生クリーム…200ml
　| 砂糖…大さじ2

必要な道具

ボウル　ハンドミキサー　パレットナイフ

つくる前にやっておこう

Aをあわせて8分だてのホイップクリームをつくる（P248を見てね）。

つくり方

1 バームクーヘンをかさねる

バームクーヘンの上にパレットナイフでホイップクリームをぬり、4個かさねる。

2 お菓子を入れる

中心の穴にお菓子を入れる。

ポイント

中に入れるのはなんでもOK。好きなフルーツや手紙、おみくじを入れてもいいね！

3 穴をふさぐ

ビスケットを大きめにくだき、穴をふさぐ。

ポイント

穴をふさがないと、クリームが中に入っちゃうの。穴がふさがれば、カステラでもなんでもいいよ。

4 クリームをぬる

3の上にホイップクリームをのせ、パレットナイフでひろげる。

5 クリームを全体にぬる

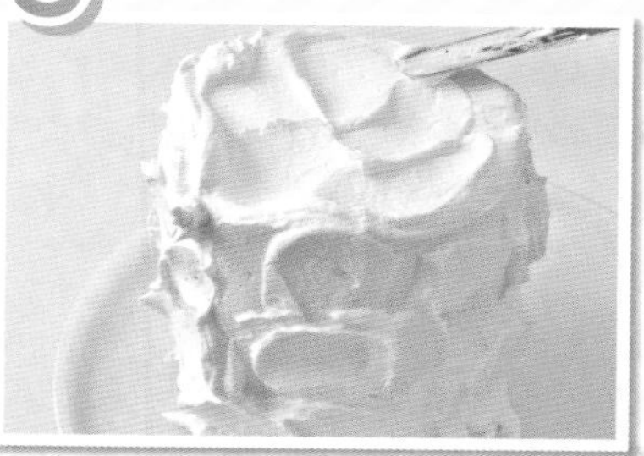
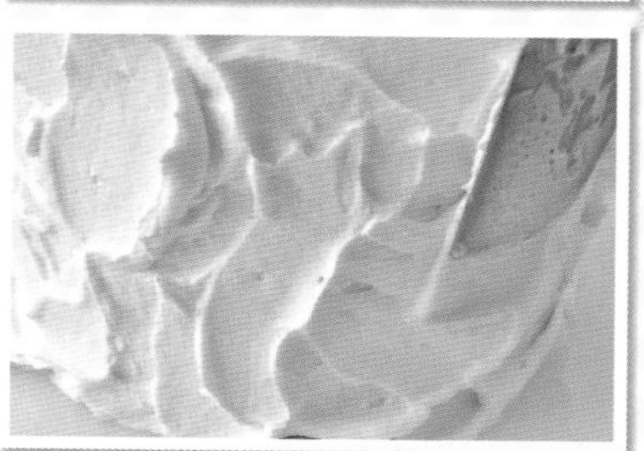

全体にパレットナイフでペタペタとホイップクリームをぬる。

アップルパイのつくり方

材料（10x18cm 1台分）

冷凍パイシート…2枚
りんご（小）…2個
砂糖…60g
レモン汁…大さじ1
シナモン…少々
卵黄…1/2個分

必要な道具

オーブン

オーブンの天板

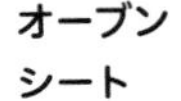
オーブンシート

オーブンミトン

包丁

まな板

木べら

ピザカッター

ハケ

つくる前にやっておこう

卵黄をとき、水大さじ1/2（分量外）を入れてよくまぜ、つや出し黄身をつくる。天板にオーブンシートをしく。

つくり方

1 りんごを切る

りんごはよく洗い、4つ切りにして皮と芯をとり、1cmぐらいのいちょう切りにする。

2 りんごの水分をとばす

大きめの鍋に1のりんご、砂糖、レモン汁を入れ、強火にかけ木べらでまぜながら水分をとばす。

ポイント

こげないように気をつけよう！

3 シナモンをふる

水分がとんだらシナモンをふり、そのまま冷ます。

4 パイシートにりんごをのせる

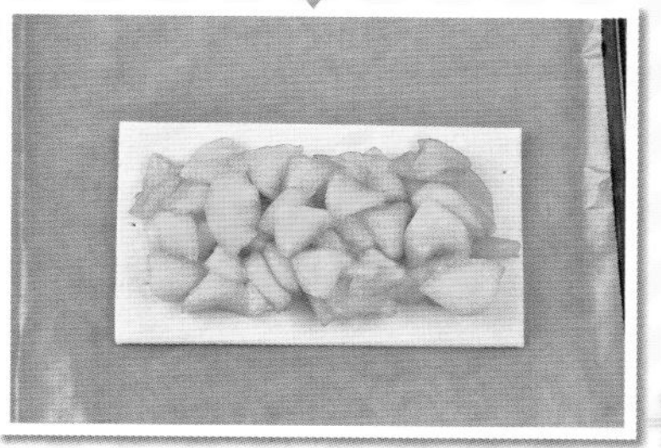

天板の上にパイシートをのせ、上に3のリンゴをのせ、天板ごと冷蔵庫に入れる。

ポイント

まわりを1㎝ぐらいあけてリンゴをのせてね。

オーブンを200℃にあたためはじめる

5 パイシートに切り込みを入れる

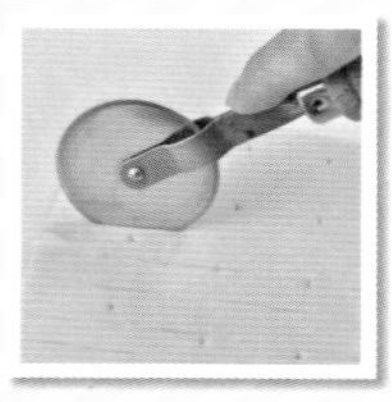

もう1枚の冷凍パイシートをまな板の上にのせ、ピザカッターで交互に切り込みを入れる。

ポイント
パイシートが凍っているうちにすばやくやろう。とけると切り込みを入れにくいよ。

6 つや出し黄身をぬる

4を冷蔵庫から出し、まわりの1㎝あけた部分に、準備しておいたつや出し黄身をぬる。

7 ふたをのせる

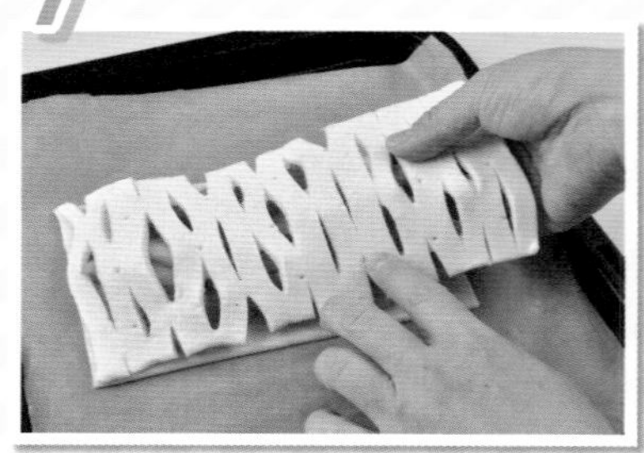

5のパイシートを6の上に少しずつひろげながらのせる。

8 形をととのえる

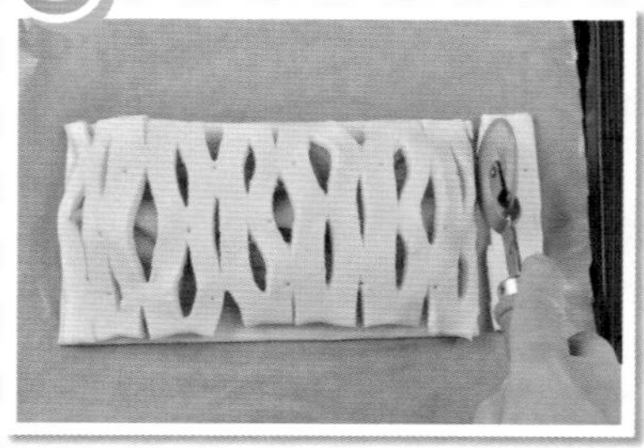

余った部分を切り落とす。

ポイント
余った部分はくるくるねじって、アップルパイといっしょに焼けば、スティックパイになるよ。

9 ふたをくっつける

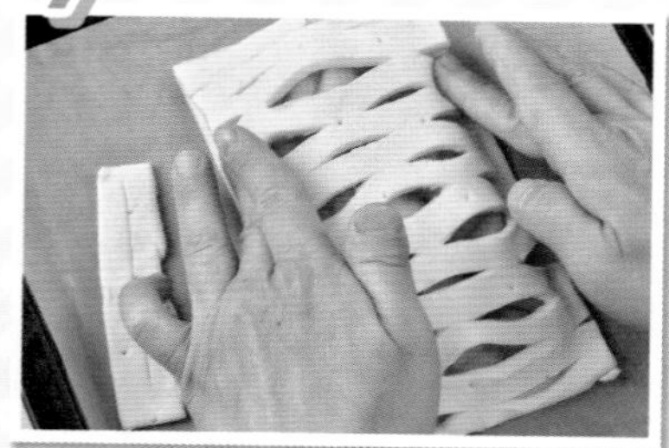

まわりを軽くおさえて上下の生地を密着させる。

ポイント

軽くおさえるだけで、生地はちゃんとくっつくよ。

10 オーブンで焼く

全体につや出し黄身をハケでぬり、200℃のオーブンで20分焼く。

オーブンの中はすごく熱いよ！　とり出すときはかならずオーブンミトンをしよう。

プチ アレンジレシピ

中身をかえれば、スイーツからおかずパイまでいろいろできちゃう!

バナナキャラメルパイ

薄切りにしたバナナとキャラメルを入れて焼くよ。バナナは完熟したものだと甘さアップ！

2色のチョコパイ

茶色のチョコとホワイトチョコを入れよう。焼くとなかからアツアツのチョコが出てくるから、食べるときは気をつけてね。

ミートパイ

玉ねぎとあいびき肉をフライパンでいためて、塩、こしょう、ソースで味つけした具を入れると、おかずパイに！晩ごはんとして食べても★

もちチーズパイ

お正月にあまったおもちを角切りにしてパイ生地にのせ、とろけるチーズと一緒に焼こう。かんたんにできておなかいっぱいになるよ！

バターの香(かお)りがたまらない！

パウンドケーキ

かかる時間(じかん) 約(やく)40分(ぷん)

レベル
ふつう
✿✿✿

しっとりふわふわ♪いくらでも食(た)べられちゃう！

材料（18×8×6cmパウンド型1個分）

バター…100g
砂糖…100g
卵…2個
A　薄力粉…100g
　　ベーキングパウダー…小さじ1/2

つくる前にやっておこう

バターと卵は室温にもどす。型にあわせてオーブンシートを切ってしく。Aをあわせてふるう。卵をときほぐす。

18×8×6cm パウンド型

オーブン

オーブンの天板

オーブンシート

オーブンミトン

粉ふるい

ボウル

ゴムべら

泡だて器

つくり方

1

バターをボウルに入れ、白っぽくなるまで泡だて器でまぜる。

ポイント

室温にもどしたバターをしっかり泡だてることで、焼いたときにふんわりふくらむよ。

2 砂糖を入れてまぜる

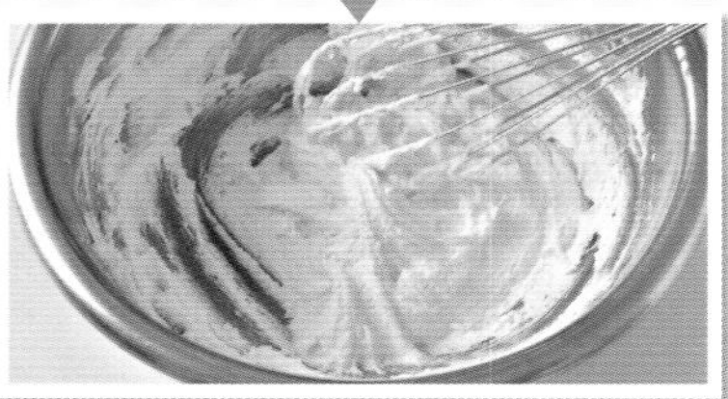

砂糖を2～3回に分けてくわえ、ふんわりするまでよくまぜる。

3 卵を入れてまぜる

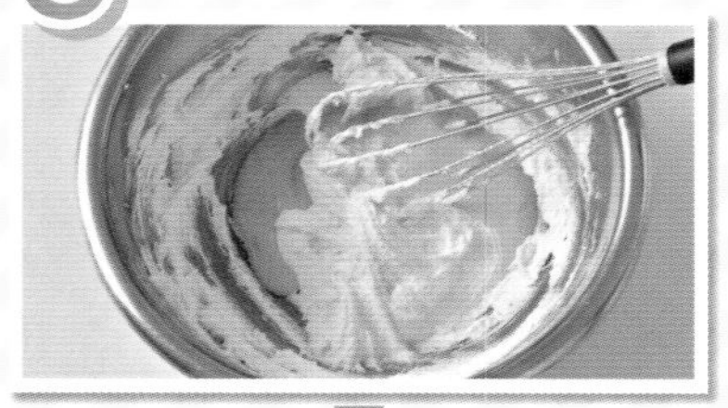

ときほぐした卵を2～3回にわけてくわえ、そのつどよくまぜる。

オーブンを160℃にあたためはじめる

4 粉をまぜる

Aを2回にわけてくわえ、ゴムベラでつやが出るまでまぜる。

ポイント

ツヤが出るまでしっかりまぜると、しっとりとした口あたりになるよ。

5 型に流して焼く

用意しておいた型に流し、表面をゴムべらでならし、テーブルに落として空気を抜き、160℃のオーブンで30～40分焼く。

ポイント

表面に割れ目ができ、割れ目にも焼き色がついたらOK！

やけどに注意！

オーブンの中はすごく熱いよ！ とり出すときはかならずオーブンミトンをしよう。

アレンジレシピ

ちょっぴりほろにが、オトナっぽい☆

コーヒーマーブルパウンド

材料（18×8×6cmパウンド型1個分）

バター…100g
砂糖…100g
卵…2個

A
- 薄力粉…100g
- ベーキングパウダー…小さじ1/2

B
- インスタントコーヒー…大さじ1
- 熱湯…小さじ1

つくり方

①プレーンのパウンドケーキの1～4と同じように生地をつくる。

②①の1/3量を別のボウルに入れ、よくまぜたBをくわえてゴムべらでまぜあわせる。

③②を①にもどし、2～3回大きくかきまぜて、型に流して焼く。

アレンジレシピ

冷凍ブルーベリーでもOK!

ブルーベリーパウンド

材料（直径14cmのクグロフ型1個分）

バター…100g
砂糖…100g
卵…2個
ブルーベリー…60g
A 薄力粉…100g
A ベーキングパウダー…小さじ1/2

つくり方

①P49「マドレーヌ」の1 ～ 2と同じように、型にバターをぬり、強力粉をふる。

②プレーンのパウンドケーキの1 ～ 4と同じように生地をつくる。

③②にブルーベリーを入れ、ゴムべらでかきまぜ、型に流して焼く。

アレンジレシピ

レモンの風味がさわやか

レモンアイシングパウンド

材料（直径14cmのクグロフ型1個分）

バター…100g
砂糖…100g
卵…2個

A
- 薄力粉…100g
- ベーキングパウダー…小さじ1/2

B
- 粉砂糖…100g
- レモン汁…大さじ2

レモンの皮…1個分

つくり方

①P49「マドレーヌ」の1 ～ 2と同じように、型にバターをぬり、強力粉をふる。

②プレーンのパウンドケーキの1 ～ 5と同じようにケーキを焼き、焼けたらケーキクーラーの上で冷ます。

③ボウルにBを入れ、ゴムべらでまぜてレモンアイシングをつくる。

④冷めたケーキに③をかけて、細く切ったレモンの皮でかざる。

レモンの香り(かお)がさわやかなまっ白(しろ)ケーキ

エンゼルケーキ

レベル
ちょいムズ
✿✿✿

かかる時間(じかん)
約(やく)50分(ぷん)

ほわっほわの食感(しょっかん)は
まるで天使(てんし)のほっぺみたい♥

材料（直径15cmのリング型1個分）

卵白…3個分
砂糖…50g

A
- 薄力粉…40g
- コーンスターチ…10g
- ベーキングパウダー…小さじ1/2

サラダ油…大さじ1
レモンの皮（すりおろし）…1個分
レモン汁…大さじ1

〈かざり用〉
粉砂糖…適量
オレンジ、レモン（輪切り）…適量
ミント…適量

必要な道具

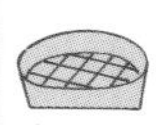
粉ふるい

直径15cmのリング型
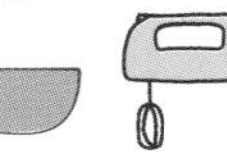
ボウル
ハンドミキサー

オーブン

オーブンの天板

オーブンミトン

泡だて器

ゴムべら
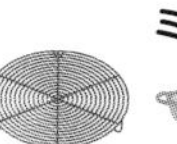
ケーキクーラー

茶こし

つくる前にやっておこう

Aをあわせてふるう。リング型にバター（分量外）をぬり強力粉（分量外）をはたく。

つくり方

オーブンを160°Cにあたためはじめる

1 卵白を泡だてる

ボウルに卵白を入れ、ハンドミキサーで全体が白くなるまで泡だてる。

2 砂糖を入れる

1に砂糖を2～3回にわけてくわえ、メレンゲをつくる。

3 粉を入れる

Aを入れ、泡だて器でまぜあわせる。

4 レモンの皮などを入れる

粉が見えなくなったら、すりおろしたレモンの皮、レモン汁、サラダ油を入れ、ゴムべらで切るようにさっくりまぜあわせる。

5 焼く

型に生地を流し入れ、テーブルにトントンと数回落として空気をぬき、160°Cのオーブンで30分焼く。

6 冷ます

焼けたら型からそっとはずし、ケーキクーラーの上で冷ます。

ポイント

生地がとてもやわらかいので、はずすときにつぶさないよう気をつけてね。

オーブンの中はすごく熱いよ！ とり出すときはかならずオーブンミトンをしよう。

7 しあげる

冷めたら茶こしで粉砂糖をかける。

ポイント
熱いときに粉砂糖をかけると、砂糖がとけちゃうよ。必ず冷めてからかけてね。

アレンジレシピ

砂糖のかわりにクリームとアラザンをかざって

天使のキラキラケーキ

材料（直径15cmのリング型1個分）

卵白…3個分
砂糖…50g
薄力粉…40g
コーンスターチ…10g
ベーキングパウダー…小さじ1/2
サラダ油…大さじ1
レモンの皮（すりおろし）…1個分
レモン汁…大さじ1
A｜生クリーム…100ml
　｜砂糖…10g
アラザン（大・小・星型）…適量

つくり方

①エンゼルケーキを1 ～ 6と同じようにケーキを焼き、冷ます。
②Aをまぜあわせて7分だてのホイップクリームをつくり、スプーンでたらりとかけ、アラザンをちらす。

ベイクドチーズケーキ

かかる時間 約60分

レベル ちょいムズ

中はしっとり、底はサクサク! あきずに食べられる♪

つくり方はP.138を見てね

ヨーグルト入りだからヘルシー！

レアチーズケーキ

あと味さっぱり！ オーブンを使わず
つくれるのもうれしい♥

つくり方はP.142を見てね

ベイクドチーズケーキのつくり方

材料（直径15cm丸型1個分）

グラハムクラッカー…70g
バター…30g
クリームチーズ…200g
砂糖…80g
卵…1個
生クリーム…100ml
薄力粉…20g
レモン汁…大さじ2

必要な道具

耐熱容器　ラップ　電子レンジ

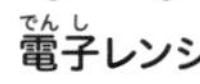

直径15cmの丸型（底が抜けるタイプ）　オーブンシート　オーブン

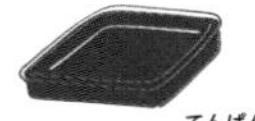

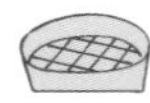
オーブンの天板　オーブンミトン　粉ふるい

フードプロセッサー　ボウル　泡だて器

つくる前にやっておこう

クリームチーズと卵を室温にもどす。バターを耐熱容器に入れラップをし、電子レンジで30秒加熱してとかす。型の底にオーブンシートをしき、側面にバター（分量外）をぬる。

つくり方

1 土台をつくる

グラハムクラッカーをフードプロセッサーにかけてこまかくし、とかしておいたバターを入れてまぜあわせる。

ポイント
クラッカーをくだくときは、ポリ袋に入れてめん棒でたたいてもいいよ。

2 型に土台を入れる

型に1を入れ、スプーンの背でギュッと押しつける。

オーブンを170℃にあたためはじめる

3 チーズ生地をつくる

ボウルにクリームチーズを入れ泡だて器でほぐす。

ポイント

クリームチーズを室温にもどしてもかたいときは、耐熱皿にのせてレンジで10秒ずつ加熱し、かたさを調節してみてね。

4 砂糖、卵をくわえる

3に砂糖、卵の順にくわえ、そのつどよくまぜる。

ポイント

チーズと砂糖をすりつぶすように、ていねいにまぜておくことが大切だよ。

5 粉をくわえる

4に薄力粉をくわえてまぜる。

6 生クリーム、レモン汁をくわえる

5に生クリーム、レモン汁の順にくわえ、そのつどよくまぜる。

ポイント

プロがつくるときは、この生地をうらごししてさらになめらかにするよ。でもおうちでつくるときや時短にしたいときは、このままでOK！

プチアレンジレシピ

材料を少しかえれば別の味をたのしめるよ!

ココア風味のチーズケーキ

土台をつくるとき、グラハムクラッカーにココアを(大さじ1)をくわえよう。ほろにがの土台がチーズケーキのまろやかな甘さをひきたてるよ。

キャラメルチーズケーキ

市販のキャラメル3個と牛乳(大さじ1)を耐熱容器に入れ、ラップをかけて電子レンジで20秒加熱し、キャラメルをとかすよ。とけたらキャラメルソースになるから、ベイクドチーズケーキにかけて食べよう！

ブルーベリーチーズケーキ

ブルーベリー100gを生地にくわえよう。あまずっぱさがチーズにピッタリ！ラズベリーやアメリカンチェリー（種抜き)でもOK♪

ヨーグルト入りチーズケーキ

生クリームのかわりにヨーグルトをつかおう。さっぱりヘルシーにしあがるよ！

アレンジレシピもおいしそう～！

7 焼く

6を2に流し入れ、テーブルの上でトントンと数回落として空気をぬき、170℃のオーブンで45分焼く。あら熱がとれたら冷蔵庫で冷やし、型からはずす（P145を見てね）。

やけどに注意！

オーブンの中はすごく熱いよ！ とり出すときはかならずオーブンミトンをしよう。

地名がついたチーズケーキがあるよ

濃厚な「ニューヨークチーズケーキ」

アメリカのニューヨークにうつり住んだユダヤ人が広めたといわれている、濃厚なチーズケーキだよ。ふつうのベイクドチーズケーキとのちがいは、小麦粉をあまりつかわず、チーズやサワークリームをたくさんつかうこと。それからオーブンの天板にお湯をはって蒸し焼きにする「湯せん焼き」という方法でつくるのも、とくちょうだよ。

真っ黒に焼けた「バスクチーズケーキ」

スペインのバスク地方で食べられているのが「バスクチーズケーキ」。とくちょうは、「失敗しちゃった？」と思っちゃうほど表面がこげていること。わざとこがして、ほろにがさをだしているよ。ケーキのなかは、トロリと半熟っぽくて濃厚！カラメルのような風味と濃いチーズがよくあうよ！

レアチーズケーキのつくり方

材料（直径15cm丸型1個分）

スポンジ（市販・直径15㎝のもの）
…1台
クリームチーズ…150g
プレーンヨーグルト…150g
砂糖…40g
生クリーム…150ml
レモン汁…大さじ2
A｜粉ゼラチン…5g
　｜お湯…大さじ1
〈かざり用〉
ブルーベリー…6個
ミント…少量

必要な道具

包丁　まな板　直径15㎝の丸型（底が抜けるタイプ）　ボウル

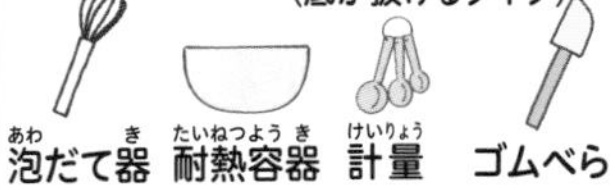

泡だて器　耐熱容器　計量スプーン　ゴムべら　缶

つくる前にやっておこう

クリームチーズを室温にもどす。スポンジを１㎝の厚さにスライスする。

つくり方

1 土台をつくる

型の底ににスポンジをしく。

ポイント

スポンジじゃなくて、カステラを切ってしきつめてもいいよ。

2 生地をつくる

ボウルにクリームチーズを入れて泡だて器でほぐし、砂糖を入れてまぜる。

3 ヨーグルトをくわえる

ヨーグルトを２～３回にわけてくわえ、そのつどまぜる。

4 生クリームをくわえる

3に生クリームもくわえよくまぜる。

5 レモン汁をくわえる

4にレモン汁を加えよくまぜる

ポイント

2～5まで、チーズにくわえる材料は順番をまもってね。水分が少ないものから入れることで、生地がダマになるのをふせげるよ。

6 ゼラチンをとかす

Aをあわせてゼラチンをとかす。

7 ゼラチンをくわえる

5を6にくわえてまぜあわせる。

8 型に入れ冷やしかためる

7を1に流し入れ、ゴムべらで表面をたいらにし、冷蔵庫で3時間以上冷やしかためる。

9 型からはずす

かたまったら冷蔵庫からとり出し、缶などの上に置いてはずす。

ポイント

型からはずすときは、あたたかいぬれぶきんで型の外側をあたためるとぬきやすいよ。

プチ アレンジレシピ　きほんができれば、アイデアしだいでいろいろつくれちゃう

パインのレアチーズ

缶詰のパイナップル100gをきざんで生地にまぜるよ。ヨーグルトの量を減らしてね。あまずっぱいケーキになるよ。

水切りヨーグルトケーキ

ざるにキッチンペーパーをのせ、ヨーグルトを入れてひと晩おくと、水分がぬけて濃厚になるよ。この水切りヨーグルトをチーズのかわりにつかうと、さらにヘルシーなケーキに！

ゆず風味のレアチーズ

レモン汁のかわりに、ゆずをしぼった果汁を入れると、ちょっぴり和風に。かぼすやすだちでもためしてみよう。

くるくる巻いてかわいく楽しい♥

ジャムロールケーキ

かかる時間 約60分

レベル ちょいムズ

ちょっぴりレトロなあんずジャムがきいてる!

材料（直径6cm×長さ25cm 1本分）

卵…3個
砂糖…60g
薄力粉…60g
あんずジャム…100g
〈かざり〉
A
- 生クリーム…50ml
- 砂糖…5g

キウイ… 1/2個
オレンジ…1/2個

必要な道具

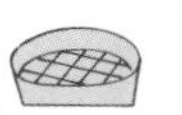
粉ふるい

オーブン

オーブンの天板

オーブンミトン

オーブンシート

なべ

ボウル

パレットナイフ

ハンドミキサー

ゴムべら

カード

網

スプーン

包丁

ビニール袋

まな板

つくる前にやっておこう

薄力粉をふるう。天板にオーブンシートをしく。

つくり方

1 卵と砂糖をまぜる

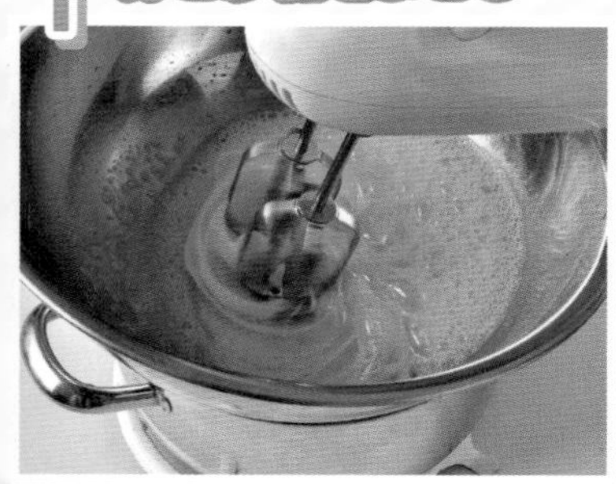

ボウルに卵を割りほぐし、砂糖を入れ、湯せんにかけながらハンドミキサー（高速）で泡だてる。

ポイント

湯せんに使うお湯の温度は60℃ぐらいだよ。

2 湯せんからはずして泡だてる

全体的に泡だったら湯せんからはずし、さらに泡だてる。

ポイント

ハンドミキサーについた生地がボウルに落ちるとき、リボン状になっていればOK。

オーブンを200℃にあたためはじめる

3 生地のキメをととのえる

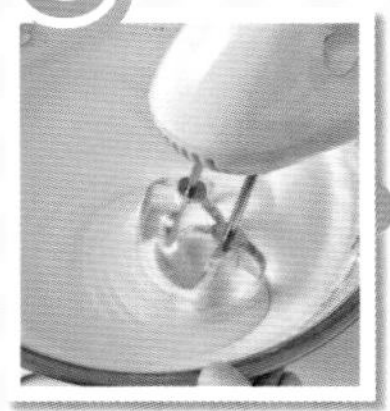

ハンドミキサー（低速）で泡だて、生地のキメをととのえる。

ポイント

キメがととのった生地には、中にあわがほとんどなくなって、2のときよりあきらかにきれいに見えるよ。

4 粉をまぜる

3にふるった薄力粉を2〜3回に分けて入れ、そのつどゴムベラですばやくまぜる。

ポイント

生地全体にツヤが出るまでさらによくまぜよう！

5 焼く

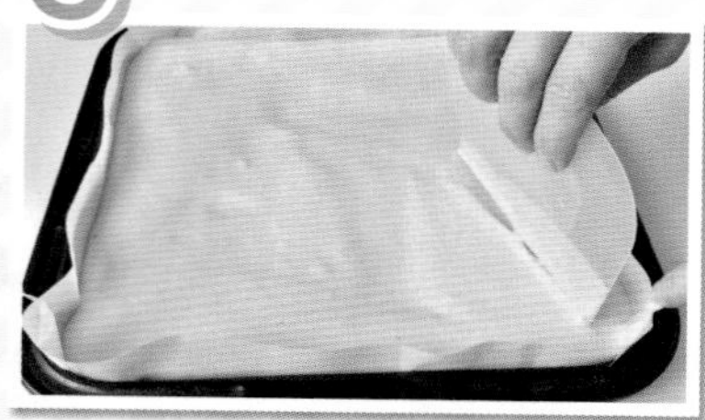

天板に流し入れ、カードでたいらにならし、200℃のオーブンで12分焼く。

ポイント

カードでならしたら、天板の底を手でトントンとたたいて生地の空気をぬこう。

6 冷ます

焼きあがったら、網の上にうつし、熱いうちにビニール袋に入れ口をとじて、生地を冷ます。

ポイント

生地が乾燥しないように袋に入れるよ。オーブンシートはついたままでOK。

7 オーブンシートをはずす

冷めたらビニール袋からとり出し、オーブンシートをはずす。はずしたシートの上に生地をのせる。

ポイント

オーブンシートを巻きすとして使うから、やぶれないようにそっとはずそう。

オーブンの中はすごく熱いよ！とり出すときはかならずオーブンミトンをしよう。

8 巻き終わりを切る

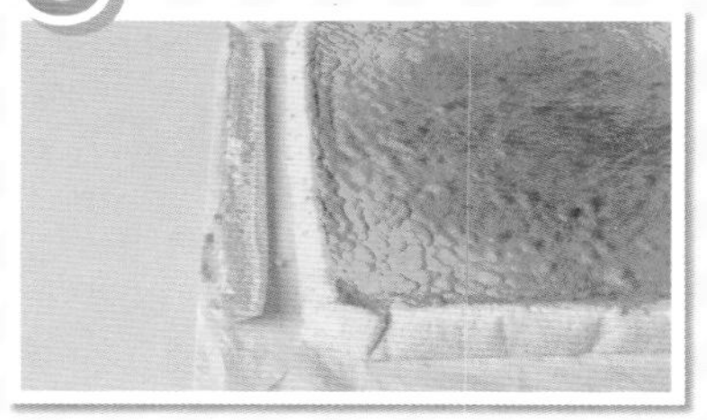

スポンジの巻き終わりになるほうのはしを、包丁でななめに切る。

9 ジャムをぬる

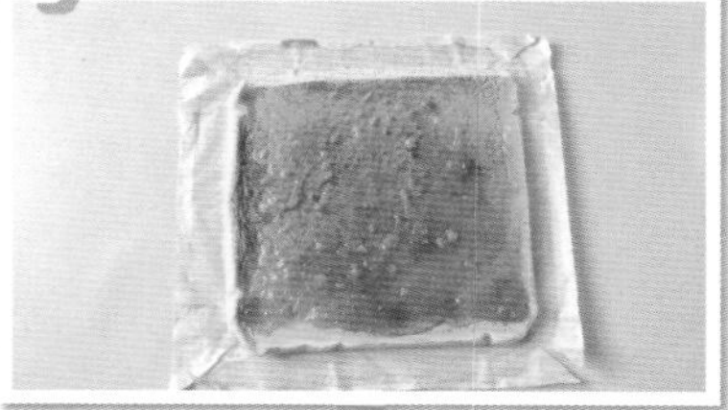

生地の表面にジャムをぬる。生地を巻きやすくするために巻きはじめの数か所に、パレットナイフですじをつける。

ポイント

すじをつけるとき、生地を切りはなさないように気をつけよう。

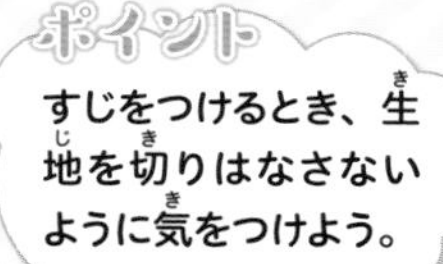

10 巻く

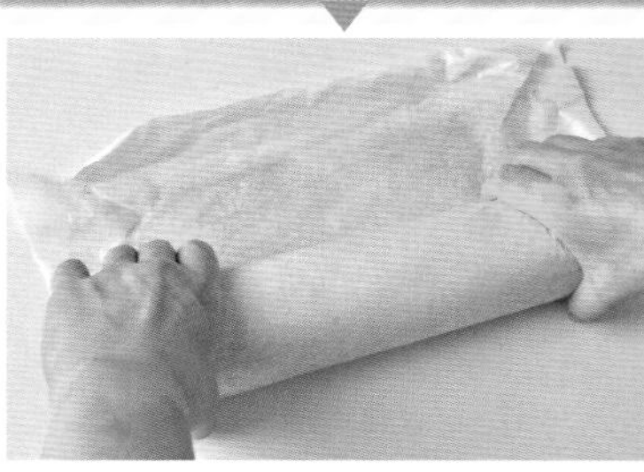

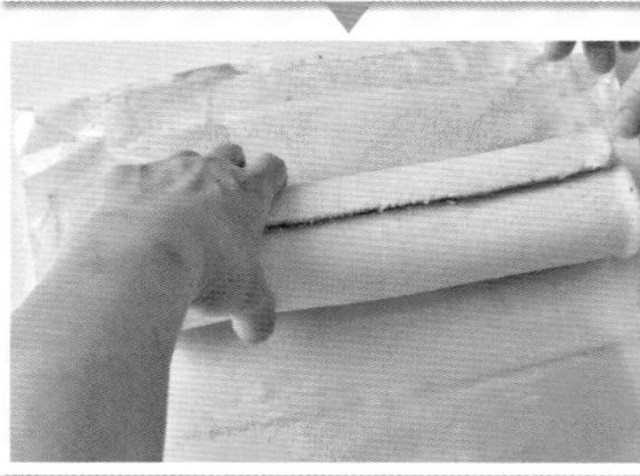

オーブンシートをもちあげて生地を巻く。

ポイント

巻きずしをつくるときと同じイメージだよ。

11 冷やす

巻き終わりを下にしてオーブンシートで包み、両はしをたたんで冷蔵庫で1時間以上冷やす。その間にAをあわせて7分だてのホイップクリームをつくり（P248を見てね）、フルーツを食べやすい大きさに切る。

12 かざる

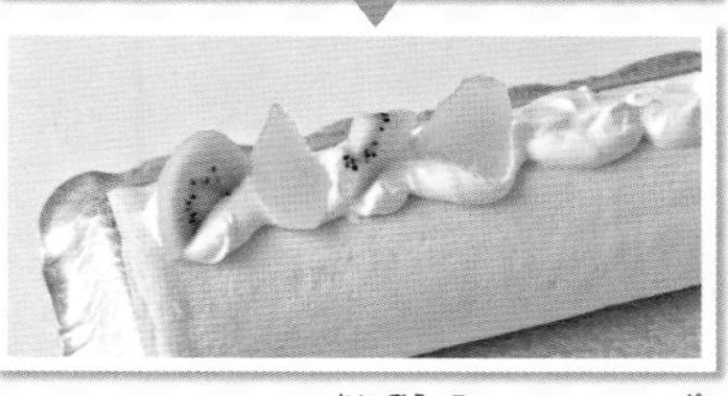

ロールケーキを冷蔵庫からとり出し、ホイップクリームをスプーンでのせ、フルーツをかざる。

アレンジレシピ

ひとくちサイズのロールケーキがキュート

ロールケーキタワー

材料（4～5人分）

卵…3個　薄力粉…60g
砂糖…60g　あんずジャム…100g

つくり方

①ジャムロールの1～7と同じようにスポンジをつくる。
②①のスポンジを半分に切り、ジャムロールの8～11と同じように巻いて、細長いロールケーキを2本つくり、冷蔵庫で30分冷やす。
②をそれぞれ6等分してかさね、リボンで巻く。

アレンジレシピ

クリスマスケーキはこれで決まり！

ブッシュ・ド・ノエル

材料（直径10cm×長さ20cm 1本分）

卵…3個

砂糖…60g

A
- 薄力粉…50g
- ココア…10g

〈チョコレートクリーム〉

生クリーム…200ml

チョコレート…100g

必要な道具

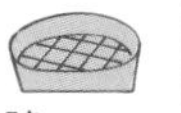

包丁　まな板　粉ふるい　オーブン

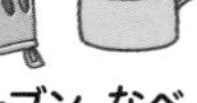

オーブンの天板　オーブンシート　オーブンミトン　なべ

ボウル　ゴムべら　泡だて器

フォーク　パレットナイフ

つくる前にやっておこう

チョコレートをきざむ。Aをあわせてふるう。天板にオーブンシートをしく。

つくり方

1 ジャムロールケーキの①～⑦と同じように、チョコスポンジをつくる（④で入れる粉はAをふるったものだよ）。

2 チョコレートと半量の生クリームでガナッシュをつくり、冷めたら冷蔵庫で冷やす（P84を見てね）。

3

完全に冷えたら残りの生クリームを少しずつ入れ、泡だて器でまぜる。

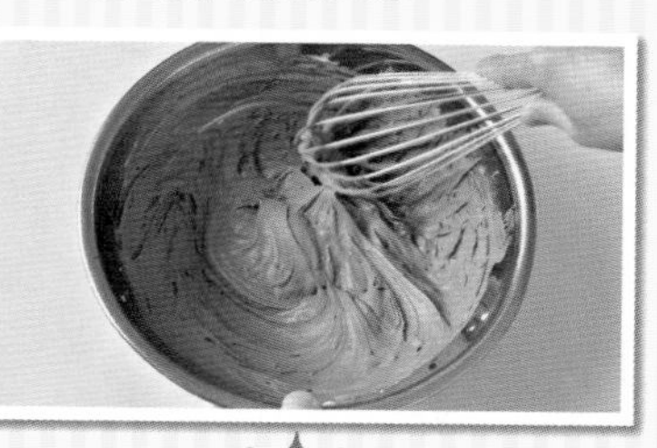

4

1に3の半量をパレットでのせて全体に広げ、くるくると巻く。巻き終わりを下にしてオーブンシートで両はしを包み、冷蔵庫で1時間以上冷やす。残ったチョコレートクリームも冷やしておく。

ポイント

ジャムロールケーキの⑧と同じように、巻き終わりをななめに切ってね。

5

切り株部分をつくる。冷やしたケーキとクリームをとり出し、ケーキをはしから3cm切る。上にのせやすいように切り落としたほうのケーキを2/3ぐらいの大きさにする。

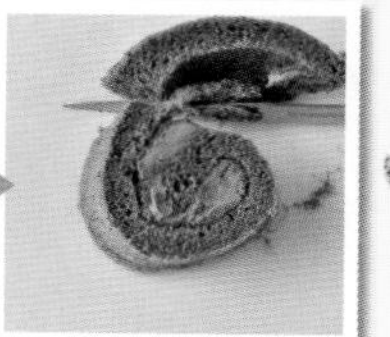

6

切り株部分にクリームをつけて大きいほうのロールケーキにのせ、全体をクリームでおおう。

ポイント

フォークであとをつけると、木のもようらしく見えるよ。

みんな大好き♡ケーキの王道！

いちごのショートケーキ

レベル
ちょいムズ
✿✿✿

かかる時間
約120分

特別な日に手づくりしよう★

材料（直径15cmの丸型1個分）

卵…2個
砂糖…60g
薄力粉…60g
バター…20g
A | 熱湯…大さじ2
　| 砂糖…大さじ1
〈かざり用〉
生クリーム…300ml
砂糖…30g
いちご…1パック

必要な道具

粉ふるい

耐熱容器 ×2

ラップ
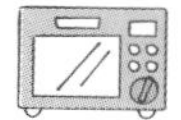
電子レンジ

オーブン

オーブンの天板

オーブンシート

オーブンミトン

包丁

まな板

ボウル

泡だて器

なべ

ハンドミキサー

ゴムべら

直径15cmの丸型（底が抜けるタイプ）

ケーキクーラー

パン切り包丁

ハケ
パレットナイフ

つくる前にやっておこう

薄力粉をふるう。バターを耐熱容器に入れラップをし、電子レンジで 20 秒加熱してとかす。型にオーブンシートをしく。Aをまぜて砂糖をとかし、シロップをつくって冷やす。いちごを5㎜幅に切る（6個は最後のかざり用にそのままとっておく）。

つくり方

1 卵と砂糖をまぜる

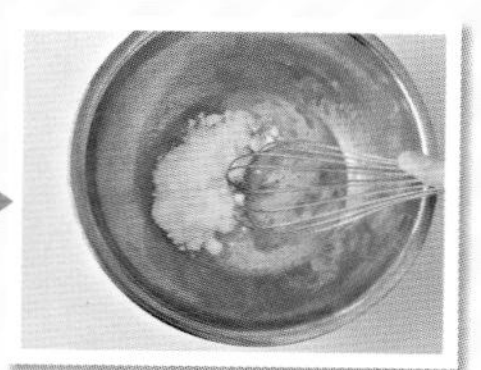

ボウルに卵を割りほぐし、砂糖を入れて泡だて器でまぜる。

2 湯せんにかけてあたためる

1を湯せんにかけ、泡だて器でそっとまぜながら、人肌ぐらいの温度まであたためる。

ポイント

泡だて器でまぜつづけないと、卵がかたまっちゃうから気をつけよう。

3 泡だてる

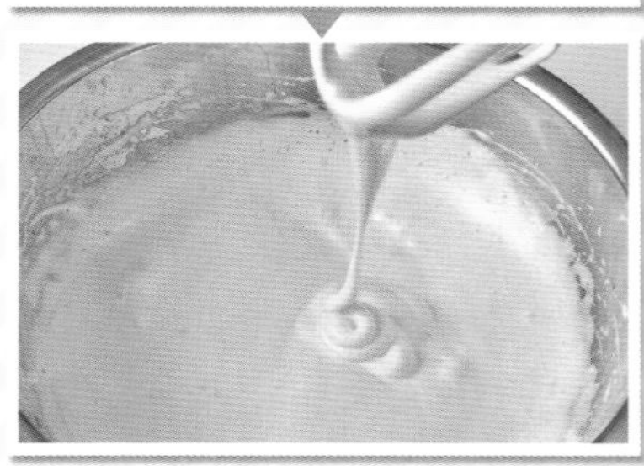

あたたまったら湯せんからおろし、ハンドミキサー（高速）で白っぽくもったり泡だつまでまぜる。

4 生地のきめをととのえる

ハンドミキサー（低速）で1分ぐらいまぜ、きめをととのえる。

オーブンを160°Cにあたためはじめる

5 粉を入れる

4に薄力粉を2～3回に分けてふり入れ、そのつどゴムべらでさっくりまぜる。

6 ツヤを出す

粉がみえなくなったら、ツヤが出るまでゴムべらでまぜる。

7 バターを入れる

6にとかしバターを入れてまぜる。

8 焼く

7を型に流し、表面にういたバターのすじをゴムべらでならす。テーブルの上でトントンと軽く落として空気を抜き、160℃のオーブンで25～30分焼く。オーブンミトンをした手でまん中をさわって、弾力がついていたら焼き上がり。

やけどに注意！

9 冷ます

焼けたら型からはずし、ケーキクーラーにのせる。冷めたらパン切り包丁で2枚にスライスする。

やけどに注意！

オーブンの中はすごく熱いよ！ とり出すときはかならずオーブンミトンをしよう。

10 ホイップクリームをつくる

かざり用の生クリームと砂糖をボウルに入れ、7分だてにする(P248を見てね)。

11 シロップとクリームをぬる

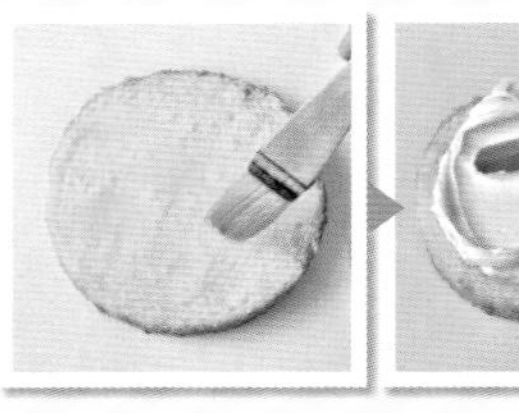

9でスライスしたスポンジの下段にシロップをはけでぬり、そのうえにパレットナイフでホイップクリームをぬる。

12 いちごとクリームをのせる

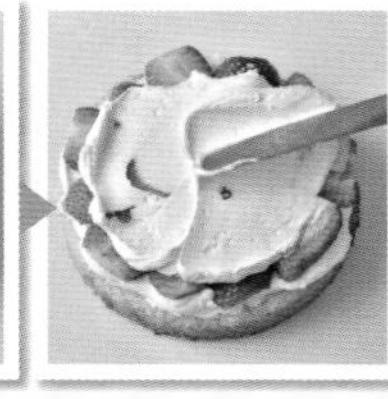

11の上にいちごをならべ、さらにホイップクリームをぬる。

ポイント

いちごはいろんな向きにならべると、全体の厚さが均等になるよ。

13 シロップをぬる

上段のスポンジは切り口を上にして12にのせ、上にシロップをぬる。

14 かざる

全体にホイップクリームをぬり、上にいちごをバランスよくかざる。

アレンジレシピ

ニャ〜って鳴き声がきこえてきそう♪

にゃんこケーキ

材料（直径15cmの丸型1個分）

卵…2個　砂糖…60g
薄力粉…60g　バター…20g
シロップ（熱湯大さじ2と砂糖大さじ1をまぜたもの）…適量
〈かざり用〉
生クリーム…300ml
砂糖…30g　いちご…1パック
チョコペン（茶・ピンク）…各1本

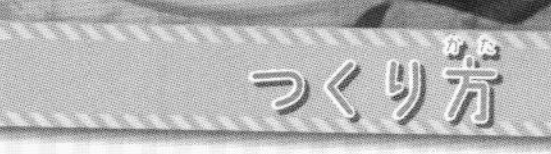

つくり方

①ショートケーキの1〜13と同じようにつくり、ケーキ全体にホイップクリームをぬる。
②いちご1個を縦半分に切り、耳に見たててケーキにつける。
③茶色いチョコペンで目とひげをかく。
④口金（丸）をつけたしぼり出し袋にホイップクリームを入れて口まわりをつくる。
⑤ピンクのチョコペンで鼻をかく。

アレンジレシピ

あえて横にはぬらないのがおしゃれ!

ネイキッドケーキ

材料（直径15cmの丸型1個分）

卵…2個　砂糖…60g
薄力粉…60g　バター…20g
A｜熱湯…大さじ2
　｜砂糖…大さじ1

〈かざり用〉
生クリーム…300ml
砂糖…30g　いちご…1パック
ブルーベリー…5～6個
さくらんぼ…3個
赤すぐり…1房　ミント…適量

つくり方

①ショートケーキの1～8と同じようにしてスポンジを焼き、ケーキクーラーの上で冷ましたら、パン切り包丁で3枚にスライスする。
②Aをあわせたシロップを1枚目のスポンジにぬる。
③かざり用の生クリームと砂糖で7分だてのホイップクリームをつくり、②の上にのせる。
④5㎜幅に切ったいちごを③の上にのせ、2枚目のスポンジをかさねる。
⑤④にもシロップ、ホイップクリーム、いちごをのせ、さらに3枚目のスポンジをのせて3段がさねにする。
⑥いちばん上に残りのホイップクリームとフルーツ、ミントをのせてできあがり。

ポイント

横にはクリームをぬらないから、じつは、ふつうのショートケーキよりもかんたんだよ！

ショートケーキはじつは日本生まれ

ケーキといえば、やっぱりショートケーキ！　今回はいちごのショートケーキのつくりかたを紹介したけど、メロンや桃をつかうショートケーキもあるよね。フルーツをつかっていなくても、生クリームとスポンジでつくったケーキは、なんでも「ショートケーキ」っていうんだよ。

このスタイルのショートケーキは、じつは日本うまれ。有名洋菓子店の創業者が大正時代に考えたんだって。アメリカでもショートケーキはあるけれど、日本のものとちがって、サクサクしたスコーンみたいな生地で、いちごやクリームをはさんでいるの。ふわふわのスポンジをつかったショートケーキは、日本にしかないんだよ。

ショートケーキの「ショート」は、お菓子につかう「ショートニング」からきたという説や、生クリームをつかっているので、おいしく食べられる時間が短いから、という説などいろいろあるよ。

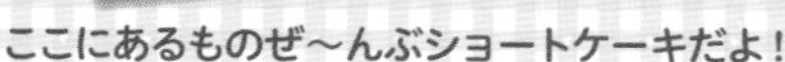

ここにあるものぜ〜んぶショートケーキだよ！

Part 4

オーブンをつかわないでつくれる!

ちょっとクールにひんやりおやつ

ゼリーやプリン、アイスにパフェ！　まいにちのおやつや、ちょっとスペシャルなイベントで食べたいスイーツがつくれちゃう。

冷たいおやつ いいね!
ゼリーやプリンも 好きな器でできるし
本当に!?いろいろ つくってみたい!
アイスも つくれちゃうよ!

フレッシュフルーツがたっぷり♪

シュワシュワ★フルーツポンチ

かかる時間（じかん）約（やく）30分（ぷん）

レベル
かんたん！
✿✿✿

すっきりさわやかな味（あじ）わいだよ★

材料(400mlのジャー2個分)

さくらんぼ…10個
キウイ…1個
パイナップル(缶詰)…4切れ
ぶどう(種なし、皮ごと食べられるもの)…10粒
リンゴ…1/2個
桃(缶詰)…2切れ
ブルーベリー…10個
オレンジ…1個
メロン…1/8個
ミント…適量
炭酸水…500ml

必要な道具

包丁　まな板　スプーン

つくる前にやっておこう

さくらんぼのじくをとる。キウイ、オレンジ、メロンの皮をむく。

つくり方

1 切る

フルーツはすべて、食べやすい大きさに切る。

2 もりつける

フルーツを好きな順に入れ、炭酸水をそっとそそぎ、ミントを浮かべる。

たっぷり野菜(やさい)とフルーツがヘルシー

3種(しゅ)のスムージー

かかる時間(じかん) 約(やく)10分(ぷん)

レベル かんたん!

いそがしいときの朝食(ちょうしょく)にもおすすめだよ!

材料（各色1人分）

〈ピンク〉
いちご…70g　ヨーグルト…50g
トマト…70g　はちみつ…15g
氷…70g

〈オレンジ〉
オレンジ果汁…1個分（70ml）
パイナップル…70g
にんじん…50g　はちみつ…10g
氷…70g

〈グリーン〉
キウイ…1/4個（30g）
小松菜…15g　りんご…50g
バナナ…30g　はちみつ…10g
水…70ml　氷…70g

必要な道具

包丁　まな板　ジューサー

ポイント
氷をつかわずに野菜やフルーツをこおらせてもOK。そのときは、水を多めに入れてね。

つくり方

1 具材と氷を入れる

適当な大きさに切ったいちご、トマト、ヨーグルト、はちみつをジューサーに入れ、最後に氷を入れる。

2 まぜる

ジューサーでまぜあわせる。

ポイント
あまさがたりないときは、はちみつの量をふやしてね。
オレンジ、グリーンのスムージーも同じようにつくってね。

ゼラチンをとかしてかためるだけ!

ぶどうゼリー

かかる時間 約20分

レベル かんたん!

いろんなジュースでつくってみよう★

材料（150mlの星型容器2個分）

ぶどうジュース…250ml
砂糖…大さじ1
レモン汁…小さじ1
ゼラチン…5g
〈かざり用〉
ぶどう（種なし、皮ごと食べられるもの）…適量
アラザン…（小・星型）

必要な道具

耐熱容器　電子レンジ　ゴムべら

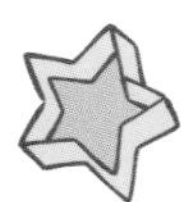

150mlの星型容器
（なければ丸型でもOK）

つくり方

1 ぶどうジュースにゼラチンをとかす

ぶどうジュース100mlを耐熱容器に入れ、電子レンジで30秒加熱する。ゼラチンと砂糖を入れ、ゼラチンがぜんぶとけるまでゴムべらでよくまぜる。

ポイント
ゼラチンがとけきらないときは、さらにレンジで10秒加熱しよう。完全にとけるまで10秒ずつ加熱してね。

2 冷やしかためる

1に残りのぶどうジュースとレモン汁をくわえ、型に流して冷蔵庫で3時間以上冷やしかためる。かたまったら、ぶどうとアラザンをかざる。

アレンジレシピ

キラキラかがやくゼリーが美しい

あじさいゼリー

材料（ワイングラス2個分）

〈ゼリー〉
水…200ml　ゼラチン…5g
砂糖…30g
レモン汁…小さじ2
かき氷のシロップ（ブルーハワイ）
…大さじ1

〈パンナコッタ〉
牛乳…100ml
生クリーム…50ml
ゼラチン…2.5g
砂糖…15g

つくり方

①水200mlのうち100mlを耐熱容器に入れ電子レンジで30秒加熱する。
②①にゼラチンと砂糖を入れ、ゼラチンがぜんぶとけるまでまぜる。
③②に残りの水とレモン汁、かき氷のシロップをくわえ、バットに流して冷蔵庫で3時間以上冷やしかためる。
④ワイングラスでパンナコッタをつくる（P218を見てね）。
⑤③がかたまったら、スプーンでくずし、④の上にもる。

アレンジレシピ

透明のゼリーのなかに
フルーツがいっぱい

フルーツゼリー

材料（直径10cmの花型の器1個分）

水…250ml
砂糖…40g
レモン汁…大さじ1
ゼラチン…5g
好みのフルーツ（キウイ、さくらんぼ、缶詰のみかん、桃など）…適量
ミント…適量

つくり方

①ぶどうゼリーと同じ手順で、ぶどうジュースを水にかえて透明のゼリー液をつくる。
②型にフルーツとミントをならべ、ゼリー液を流し入れ、冷蔵庫で3時間以上冷やしかためる。

ほろにがカラメルが甘(あま)いプリンとよくあう

カラメルプリン

レベル
ふつう

かかる時間(じかん)
約(やく)40分(ぷん)

おうちにある材料(ざいりょう)でできちゃうよ★

材料（120mlの容器4個分）

〈カラメル〉
砂糖…50g
水…10ml
熱湯…大さじ1

〈プリン〉
卵…2個
牛乳…250ml
砂糖…50g

必要な道具

プリンカップ

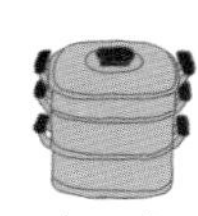
蒸し器

なべ（小）×2

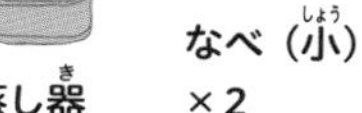

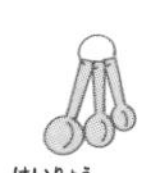
計量スプーン

ボウル×2

泡だて器

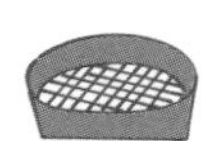
こし器

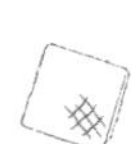
ふきん

スプーン

つくる前にやっておこう

プリン型の内側にサラダ油（分量外）をぬる（底にはぬらないよ）。蒸し器をセットしてお湯をわかす。

つくり方

1 カラメルをつくる

砂糖と水を小さめのなべに入れ中火にかける。

ポイント

かきまぜずに、砂糖がとけるのをじっとまってね。

2 カラメル色になったら火をとめる

茶色くなってきたら、なべをまわす。全体がカラメル色になったら火をとめる。

ポイント

あっという間にカラメル色になるよ。こがさないように注意しよう。色がこくなるほど苦くなるよ。熱湯ははねるから少しずつくわえてね！

3 熱湯をくわえる

熱湯を少しずつくわえる。

4 カラメルを型に入れる

3を型に流し入れる。

5 プリン液をつくる

ボウルに卵をいれて泡だて器でほぐし、砂糖をくわえてまぜる。

6 牛乳をくわえる

なべで沸とう寸前まであたためた牛乳を5にくわえて、まざったらこす。

ポイント

こすと、食べたときの口当たりがなめらかになって、おいしくなるよ。

7 型にプリン液を入れる

4の型に6のプリン液を流し入れる。

8 蒸す

お湯を入れた蒸し器に7をならべる。ふたとなべのあいだにかわいたふきんはさみ、弱火で20〜30分蒸す。蒸しあがったらとり出し、あら熱がとれたら冷蔵庫に入れ3時間以上冷やす。

蒸し器はとても熱いから、とり出すときはかならずオーブンミトンをしよう。

ポイント

プリンの内側をふちにそって、一周スプーンで軽くおさえると、型からはずしやすいよ。

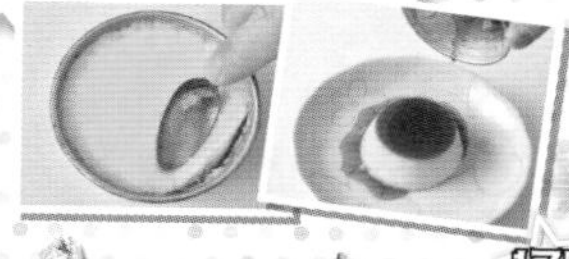

バニラ&チョコアイス

レベル
かんたん

かかる時間
約30分

そのまま食べても、
ソーダに浮かべたり、パフェにしても!

つくり方はP.178を見てね

ピンク色のムースがとってもかわいい♡

いちごのヨーグルトムース

レベル
ふつう
✿✿✿

かかる時間
約30分

ヨーグルトが入っているから
さっぱり食べられる★

つくり方はP.180を見てね

バニラ&チョコアイスのつくり方

材料（各2人分）

〈バニラアイス〉

生クリーム…100ml

牛乳…200ml

卵黄…2個分

砂糖…50g

〈チョコアイス〉

生クリーム…100ml

牛乳…200ml

卵黄…2個分

砂糖…60g

ココア…大さじ2

必要な道具

ボウル

泡だて器

なべ

こし器

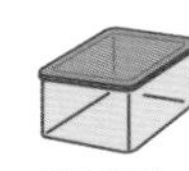

冷凍用保存容器

スプーン

つくり方

1 卵黄をほぐす

ボウルに卵黄を入れ、泡だて器でほぐす。

ポイント

卵をボウルに割り入れて、お玉をゆっくり上から卵黄に押しつけると、卵黄だけがお玉のうえにのっかるよ。ぜひためしてみて！

2 砂糖をまぜる

1に砂糖を入れ、よくすりまぜる。

ポイント

チョコアイスにするときは、ここでココアを入れるよ。

3 牛乳と生クリームをあたためる

なべに牛乳と生クリームを入れ、中火にかけて沸とうさせる。

4 材料をまぜあわせる

2のボウルに3を入れ、泡だて器でよくまぜる。

5 保存容器に入れて冷やす

あら熱がとれたら、こしながら保存容器にうつし、冷凍庫に3時間ぐらい入れて冷やしかためる。

ポイント

冷凍庫にいれたら完全にかたまる前にとり出し、スプーンで全体をよくまぜよう。それを数回くりかえすと、ふんわりとしたアイスになるよ。

いちごのヨーグルトムースのつくり方

材料（100mlの容器4個分）

いちご…200g
砂糖…40g
ヨーグルト…200g
A ｜粉ゼラチン…5g
　｜お湯…大さじ1
〈かざり用〉
いちご…4個
いちごジャム…小さじ4
ミントの葉…4枚

耐熱容器　フードプロセッサー　100mlの容器

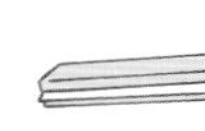

ラップ　電子レンジ

つくる前にやっておこう

いちごのへたをとる。

つくり方

1 材料をまぜる

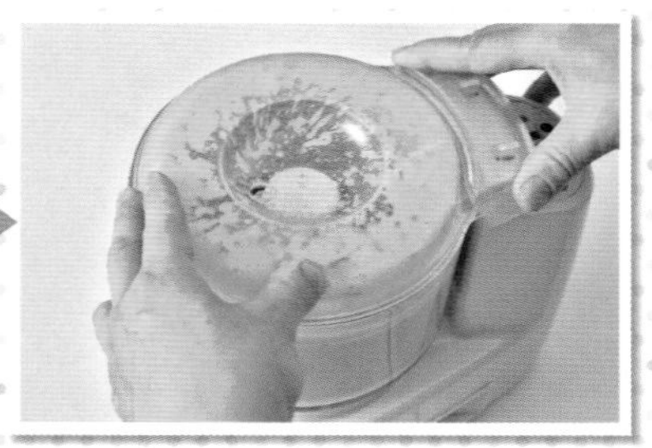

いちご、砂糖、ヨーグルトをフードプロセッサーにかけてまぜる。

2 ゼラチンをとかす

Aをあわせてゼラチンをとかす。

3 ゼラチンをくわえる

1に2を入れ、フードプロセッサーでひとまぜする。

4 冷やしかためる

3を器にそそぎ入れ、冷蔵庫で3時間以上冷やしかためる。

5 かざる

かたまったら、いちごジャム、いちご、ミントの葉をかざる。

プチアレンジレシピ

まだまだいろいろできちゃう!

プレーンヨーグルトムース

いちごを入れずにヨーグルト400gだけでつくってもおいしいよ。冷凍すればヨーグルトシャーベットに!

2色のシマシマムース

いちご味とプレーン味をつくって、器に交互に入れれば白×ピンクのシマシマムースになるよ。

キャロットムース

いちごのかわりに、加熱してやわらかくしたにんじんをつかおう。にんじんのにおいがほとんどないから、野菜ぎらいさんもおいしく食べられるよ。

フレッシュフルーツでひんやりおいしい

キウイのアイスキャンディー

かかる時間(じかん)
約(やく)10分(ぷん)

レベル
かんたん

オリジナルアイスキャンディーを
夏(なつ)の定番(ていばん)に!

つくり方(かた)はP.184を見(み)てね

とってもかわいいおうちカフェスイーツ

フルーツパフェ

かかる時間(じかん) 約(やく)20分(ぷん)

もりつけにこだわって、
フォトジェニックなパフェにしよう★

つくり方(かた)はP.186を見(み)てね

キウイのアイスキャンディーのつくり方

材料（100mlの型4本分）

ヨーグルト…300g
はちみつ…50g
キウイ…1個

つくる前にやっておこう

キウイの皮をむき、3㎜幅の輪切りにする。

必要な道具

つくり方

1 ヨーグルトとはちみつをまぜる

ボウルにヨーグルトとはちみつを入れてゴムべらでよくまぜる。

2 キウイを型に入れる

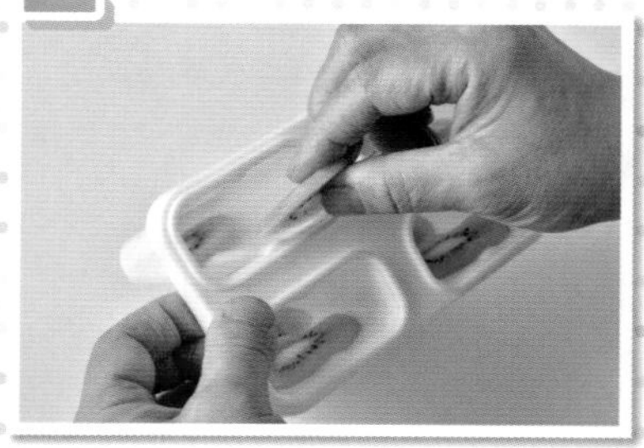

輪切りにしたキウイを型に入れる。

3 冷やしかためる

2に1を入れて、スティックをさし、冷凍庫に3時間以上入れてこおらせる。

ポイント

アイスキャンディーを型からはずすときは、水をはったボウルにアイスの部分をつけると、はずしやすくなるよ。

プチアレンジレシピ

おいしさまちがいなし!食べすぎ注意☆

ジャムヨーグルト味

はちみつとキウイのかわりにブルーベリージャムやいちごジャムを入れると、ジャムヨーグルト味に。

みかん味

キウイのかわりに缶詰のみかんを入れよう。パイナップルや桃でもいいよ！はちみつの量を半分にして、かわりに缶詰のシロップを入れても♡

ヘルシーとうふアイス

ヨーグルトのかわりに、フードプロセッサーにかけたおとうふをつかおう。すりごまとはちみつをくわえて冷凍庫へ！

キューブアイス

アイスキャンディー型がないときは、製氷皿に入れてもつくれるよ！　星型や丸型の製氷皿をつかってもおもしろいよ。

フルーツパフェのつくり方

材料（パフェグラス1杯分）

黄桃（缶詰）…半割1/2切れ
コーンフレーク…大さじ2
いちごジャム…大さじ1
バニラアイスクリーム（市販）…120g
バナナ…1/3本　オレンジ…1/8個
いちご…2個　さくらんぼ…1個
ビスケット、プレッツエルなど
…適量

必要な道具

まな板　パフェグラス

スプーン　アイスクリームディッシャー

つくり方

1 桃を切る

黄桃を食べやすい大きさに切る。

2 桃とコーンフレークを入れる

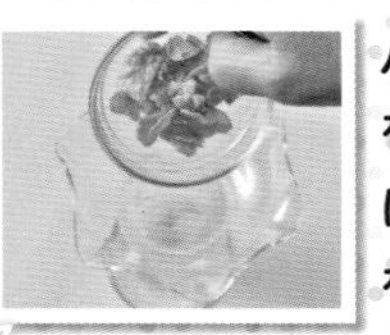

パフェグラスに1を入れ、その上にコーンフレークを入れる。

3 ジャムを入れる

イチゴジャムを入れる。

4 アイスをのせる

バニラアイスを入れる。

5 フルーツを切る

バナナ、オレンジ、いちごを切る。

6 かざりつける

5をうつわにもりつけ、ミント、さくらんぼをのせて、最後にプレッツェル、ビスケットをかざる。

アレンジレシピ

パフェグラスがなくてもできるよ!

ジャーポットパフェ

材料（直径7.5cm×高さ8cmのジャー1個分）

コーンフレーク…大さじ4
ヨーグルト…50g　砂糖…大さじ1
いちごジャム…大さじ2
いちご…1/2個　さくらんぼ…1個
ブルーベリー…2個　赤すぐり…1房
ミント…1枚

つくり方

①ジャーの底にコーンフレークを半量入れる。
②ヨーグルトと砂糖を泡だて器でよくまぜあわせ、半量を①の上にのせる。
③②の上にいちごジャムをのせる。
④③の上に、残りのコーンフレークとヨーグルトを順にかさね、ジャーの口めいっぱいまでうまるようにする。
⑤いちご、さくらんぼ、ブルーベリー、赤すぐりをバランスよくかざり、さいごにミントをそえる。

いろんな国のスイーツをおしえちゃう

わくわく！世界のスイーツ

世界には、オリジナルのスイーツがあるよ！ 日本、アジア、アメリカ、ヨーロッパ、地球を旅しているような気分になれちゃう♡

いろんなお菓子がつくれるようになったリリカ

こんなお菓子も
いつかつくれるように
なるかなぁ…
なれるよ

えっ
でも私まだまだ
不器用だし
リリカは、
いっぱい練習して
できるようになるんだよ
なんでわかるの・・・？

実は私・・・
未来からきたリリカなんだ
えっ!?

それで私のこといろいろ知ってたんだ
本当はユウト君に本命チョコわたしたいんじゃない?
わっ なんで知ってるの!?
ふふふ

いつかお姉さん
みたいになれるなら
とってもうれしい!
信じられないけど
・・・
私、
がんばる!
リリカ・・・
世界で活躍する
パティシエールを
めざそう!
世界中を旅して
まなんだスイーツを
いっしょにつくって

いちごのほのかな酸味（さんみ）があんこと相性（あいしょう）バツグン！

いちご大福（だいふく）

かかる時間（じかん）
約（やく）30分（ぷん）

レベル
ふつう

材料（4個分）

白玉粉…80g
砂糖…40g
水…80ml
こしあん（市販）…100g
いちご…4個
かたくり粉…適量

必要な道具

ボウル

耐熱容器（大）

バット

ゴムべら

電子レンジ

包丁

まな板

つくる前にやっておこう

いちごは洗ってへたをとり、キッチンペーパーで水けをふく。

つくり方

1 あんこをまるめる

こしあんを4等分にしてまるめる。

ポイント

あんこがやわらかくてまるめにくいときは、なべに入れて少し煮つめよう。

2 皮をつくる

耐熱容器に白玉粉と砂糖を入れ、水を少しずつくわえ、ゴムべらでまぜる。

3 加熱してまぜる

2にラップをかけずにレンジで1分加熱し、とり出してゴムべらでよくまぜる。

4 さらに加熱してまぜる

3をさらにレンジで1分加熱し、とり出してゴムべらでさらによくまぜる。

5 バットの上に出す

かたくり粉をふったバットに4をのせ、上にもかたくり粉をふる。

6 4等分する

生地をのばして4等分にする。

7 あんこをつつむ

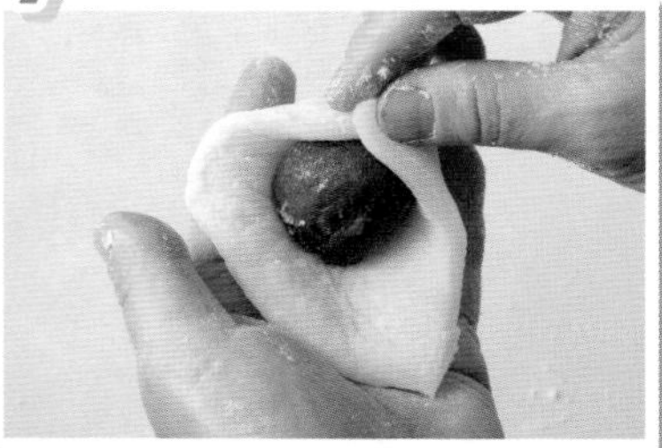

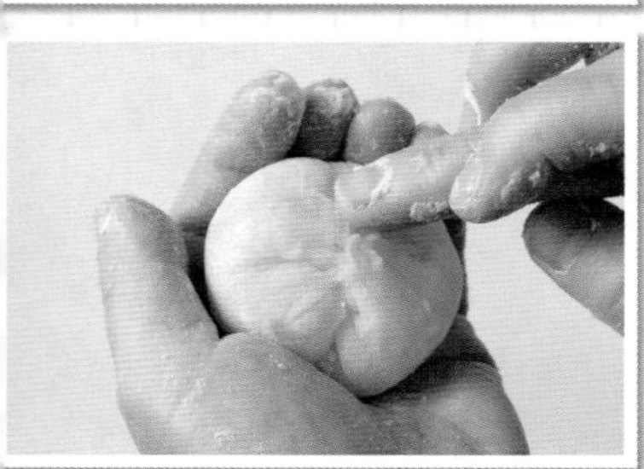

1枚の生地を手に持ち、1のあんこをのせてつつむ。

8 いちごを入れる

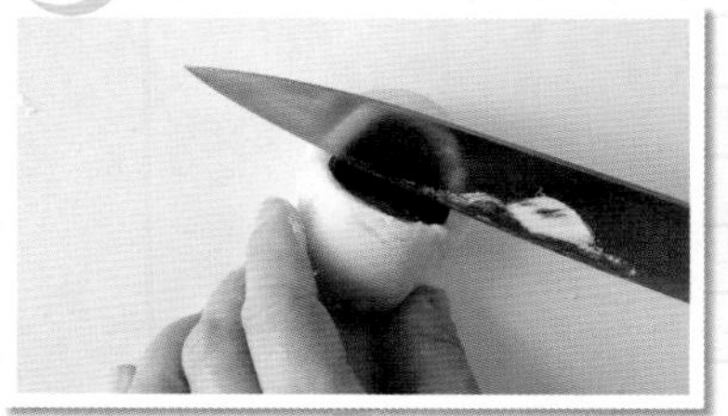

7に切り込みを入れて、いちごを入れる。

プチアレンジレシピ

中身をかえると楽しいよ!

クリームいちご大福

ホイップクリーム(大さじ1)をラップにつつみ冷凍。かたまったらあんこといっしょに皮につつもう。ホイップクリームがとけたら食べどきだよ。

ぶどう大福

皮ごと食べられる種なしぶどうを、いちごのかわりに入れよう。あんことぶどうが、意外なマッチ!

まっ茶大福

皮をつくるときにまっ茶(小さじ1/2)を入れると、緑色のきれいな皮に!あんこ、いちご、ホイップクリームをつつむとゴージャス!

みたらしだんご

かかる時間
約40分

レベル
ふつう

お花見しながら食べたいね★

つくり方はP.198を見てね

ふんわり焼きあがった生地にあんこをサンド

どら焼き

かかる時間
約30分

レベル
ふつう

あなたはつぶあん派? こしあん派?

つくり方はP.200を見てね

みたらしだんごのつくり方

材料（3本分）

だんご粉…60ｇ
水…40ml
〈たれ〉
しょうゆ…大さじ1
砂糖…大さじ2
水…大さじ3
かたくり粉…小さじ1

必要な道具

ボウル　ゴムべら　バット　なべ

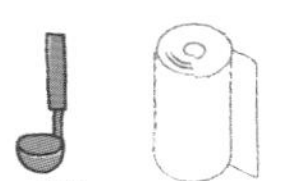

お玉　キッチンペーパー　オーブントースター　くし

マグカップ　スプーン　電子レンジ

つくり方

1 だんごをねる

ボウルにだんご粉と水を入れ、ゴムべらでよくこねる。水分が全体にいきわたったら、手でこねる。

2 9等分する

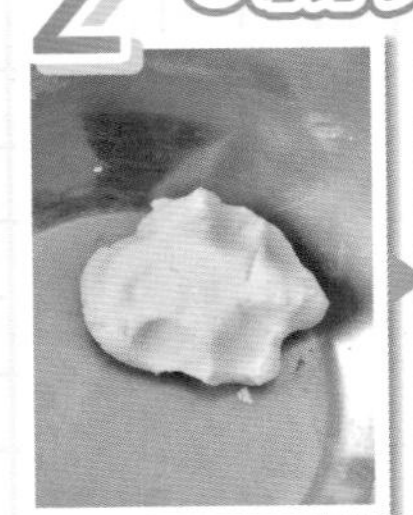

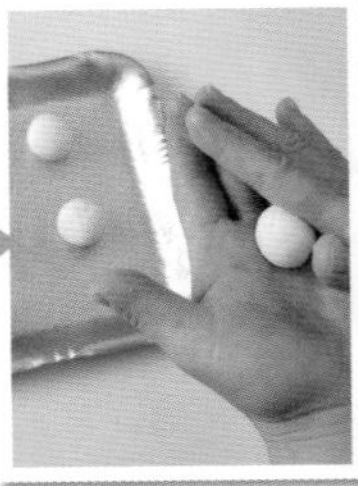

生地が全体にまとまったら、9等分してまるめる。

3 だんごをゆでる

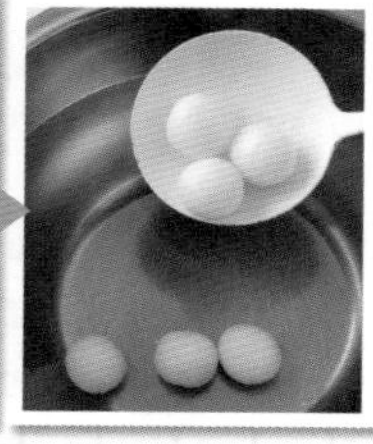

なべにたっぷりのお湯を沸かし、2をゆでる。浮きあがってきたらそのまま3分ゆでで、お玉ですくい、冷水に入れる。

4 焼く

キッチンペーパーで軽く水けをふきとり、オーブントースターで焼き色をつくまで焼く。あら熱がとれたら、3個ずつくしにさす。

5 たれをつくる

たれの材料をマグカップなどの耐熱容器に入れ、スプーンでかきまぜる。ラップをせずに電子レンジで3～5分加熱し、スプーンでよくまぜる。さらに10秒ずつ加熱してまぜる。10秒加熱とかきまぜをくりかえし、ちょうどよいとろみをつける

ポイント

マグカップのような高さがある容器だと、くしにさしただんごをたれにつけやすくて便利なんだよ。

6 たれをつける

4のだんごをたれにつける。

レンジから出したマグカップはすごく熱くなっているから注意しよう。

どら焼きのつくり方

材料（直径8cm 3個分）

卵…1個
砂糖…50g
A
- 薄力粉…50g
- 重そう…小さじ1/4

はちみつ…小さじ1
あんこ（市販）…90g

つくる前にやっておこう

Aをあわせてふるう。

必要な道具

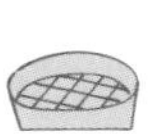
粉ふるい

ボウル

泡だて器

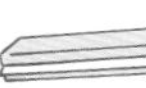
ラップ

フライパン

フライパンのふた

フライ返し

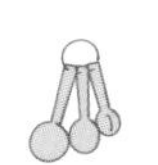
計量スプーン

スプーン

つくり方

1 卵、砂糖、はちみつをまぜる

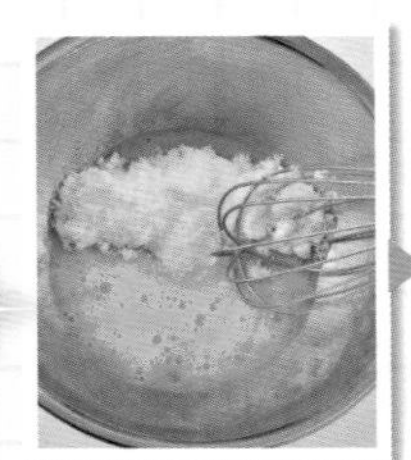

ボウルに卵を入れてほぐし、砂糖をくわえ、泡だて器でよくまぜたら、はちみつをくわえてさらにまぜる。

2 粉をまぜて生地を休ませる

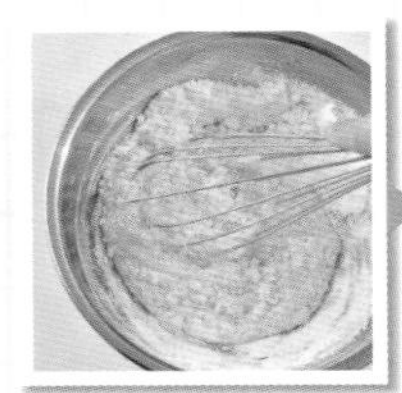
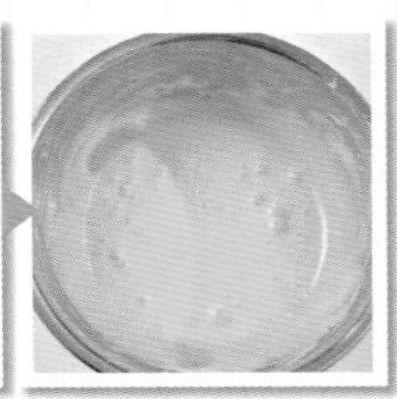

1にふるったAを入れてまぜる。まざったら、ラップをして30分以上休ませる。

ポイント

生地を休ませると、しっとりとした皮になるよ。

3 生地を焼く

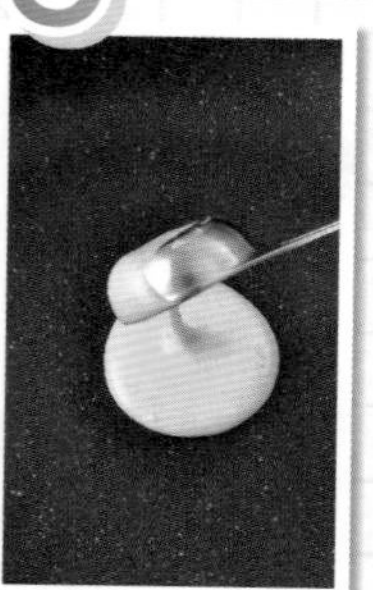

フライパンに油を引き、中火にかけてフライパンをあたためる。あたたまったら、火を止め、大さじ1杯分の生地を落とす。

4 裏返す

弱火にかけ、ふたをして約2分焼く。表面がぶつぶつしてきたら裏返して1分焼く。

フライパンはすごく熱くなっているから、さわらないように注意しよう。

5 あんこをはさむ

全部で6枚焼く。3等分したあんこを皮にのせ、もう一枚の皮ではさむ。

プチアレンジレシピ

和菓子やさんみたいなバリエーション!

あん生どら

ホイップクリームをつくり、あんことまぜよう。ふわふわのあん生クリームが、皮とマッチするよ。

黒糖どら

材料の砂糖を黒糖にかえてみて。ふんわり甘い黒糖が香る皮はやみつきになっちゃうかも♡

杏仁豆腐

かかる時間 約20分

レベル かんたん！

アーモンドがほのかに香る中国料理のデザート♪

つくり方はP.204を見てね

台湾うまれの人気ドリンク!!

タピオカミルクティ

レベル
かんたん!

かかる時間
約20分

紅茶を濃いめにつくるとリッチになるよ★

つくり方はP.206を見てね

杏仁豆腐のつくり方

材料（200mlの容器2個分）

アーモンドミルク（加糖）
…300ml
砂糖…20g
粉寒天…2g
クコの実…数個

なべ

木べら

150mlの容器

つくり方

1 アーモンドミルクをあたためる

アーモンドミルクをなべに入れ、中火にかける。

アーモンドミルクは商品によって白っぽかったり、茶色っぽかったり、色がちがうよ。

2 寒天と砂糖を入れる

沸とうしたら、砂糖と粉寒天を入れる。

3 よくまぜる

吹きこぼれないように木べらでまぜながら、約2分加熱し、火をとめる。

4 冷やしかためる

あら熱がとれたら型に流し、冷蔵庫で1時間冷やしかためる。かたまったら冷蔵庫からとり出し、クコの実をかざる。

杏仁豆腐はあんずからできている!?

ここではアーモンドミルクをつかったけれど、中国料理屋さんで出てくる杏仁豆腐は、「杏仁霜」という粉をつかってつくるよ。「杏仁霜」は、あんずの種の皮を取って、つぶして粉にしたもの。売っているお店がかぎられているし、値段が高いから、手にいれるのがちょっとむずかしい材料なの。欲しい人は、スイーツや中国料理の材料を専門店にいけば、手にはいるかもしれないよ。「杏仁霜」をつかうときは、水や牛乳、生クリームとあわせてから、寒天でかためよう。

「杏仁霜」と見た目やかおりがにているけれど、より手に入りやすいものに「アーモンドパウダー」があるよ。「杏仁霜(アーモンドパウダー)」と書いてあるものもあるから、気をつけてね。

タピオカミルクティのつくり方

材料（2人分）

ブラックタピオカ…30g
紅茶のティーバッグ（アッサム）
　…2個
水…200ml
牛乳…200ml
はちみつ…大さじ2

必要な道具

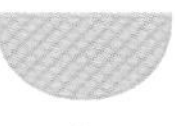

ざる

なべ（大・小）

グラス

つくり方

1 タピオカをゆでる

タピオカは、袋の指示どおりにゆでて、ざるにあげる。

2 紅茶をいれる

小さいなべにお湯を沸かし、沸とうしたらティーバッグを入れ、弱火にして2分煮たら火を止め、そのまま冷ます。

3 タピオカとはちみつを入れる

グラスに1のタピオカとはちみつを入れる

4 紅茶と牛乳をそそぐ

3に2の紅茶をそそぎ、つぎに牛乳をそそぐ。最後に氷(分量外)を入れる。

プチアレンジレシピ

意外な飲み物もタピオカにあうよ！

カルピス

甘ずっぱいカルピスとモチモチタピオカがあう！カルピスを牛乳でわるのもおすすめ。

いちごミルク

つぶしたいちごに牛乳をまぜていちごミルクに。ピンク色に黒いタピオカが入って、とってもキュート！はちみつやシロップで甘くしてもいいね！

メロンソーダ

じつは、シュワシュワ系にもあっちゃうタピオカ。メロンソーダにバニラアイスをうかべてクリームソーダタピオカにしても♪

スムージー

P166で紹介したスムージーにタピオカを入れてみて！　スムージーが冷たいから、タピオカが少しかたくなって、かみごたえアップ！　おもしろい食感だよ。

ポイント

アイディアしだいでオリジナルのタピオカドリンクがつくれるよ。飲み物だけじゃなくて、パフェやフルーツポンチにいれてもいいね！

マシュマロクリスピーボール

かかる時間
約30分

レベル
ふつう

バターの風味とマシュマロの
やさしい甘さがたまらない!

つくり方はP.210を見てね

カラフルだから、見(み)るのも食(た)べるのも楽(たの)しい!

カラフルポップコーン

かかる時間(じかん) 約(やく)10分(ぷん)

アメリカで大人気(だいにんき)!
食(た)べ出(だ)したらとまらないよ♪

つくり方(かた)はP.212を見(み)てね

マシュマロクリスピーボールのつくり方

材料（直径3cm 15個分）

バター…25g
マシュマロ（白）…50g
アーモンド（素焼き・無塩）
…30g
ライスクリスピー（チョコ）
…30g

必要な道具

包丁　まな板　なべ

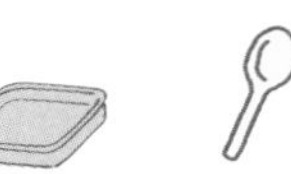

木べら　バット　スプーン×2

つくる前にやっておこう

アーモンドをきざむ。

つくり方

1 バターをとかす

バターをなべに入れ弱火にかけてとかす。

2 マシュマロをくわえる

マシュマロをくわえて木べらでまぜる。

ポイント
こげないように、木べらでまぜつづけるのがたいせつだよ。

3 ライスクリスピーをくわえる

マシュマロがとけたらライスクリスピーと、きざんだアーモンドを入れてまぜあわせ、火を止める。

4 バットにとり出す

熱いうちにスプーン(2本)でバットの上に1個分ずつとり出す。

5 まるめる

4がさわれるぐらいの温度になったら、手のひらでまるめる。

アレンジレシピ

カラーマシュマロをつかえば、色が変わるよ

ストロベリークリスピーボール

材料(直径3cm 15個分)

- バター…25g
- マシュマロ(ピンク)…50g
- ドライクランベリー…30g
- ライスクリスピー(プレーン)…30g

つくり方

マシュマロクリスピーボールとつくり方は同じ。アーモンドをクランベリーにかえてつくってね。

カラフルポップコーンのつくり方

材料（ピンク・2人分）

ポップコーン豆…20g
サラダ油…大さじ1
〈フレーバー〉
かき氷のシロップ（いちご）
…大さじ2
サラダ油…小さじ1

必要な道具

つくり方

1 ポップコーンをつくる

ポップコーン豆とサラダ油をフライパンに入れ、中火にかけてふたをする。

2 火をとめる

はじける音がしてきたらフライパンをゆすり、音がしなくなったら火を止め、ふたを開ける。

3 フレーバーをつくる

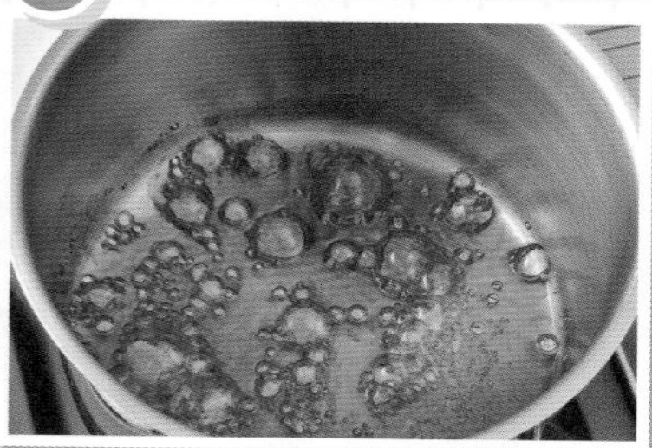

なべにかき氷のシロップを入れ、中火にかける。とろみが出てきたらサラダ油を入れ、木べらでかきまぜる。

ポイント

サラダ油を入れたら、油はねに気をつけてね！こげつかないように、木べらでかきまぜてよう。

4 ポップコーンにからめる

3に2のポップコーンをくわえて弱火にし、シロップを全体にからめる。

ポイント

かき氷のシロップをメロンにすると、緑色のポップコーンになるよ！

5 冷ます

バットに上にとり出し、ひろげて冷ます。

トロピカルムードにときめいちゃう♡

ハワイアンパンケーキ

材料（直径12cm 3枚分）

A
- 薄力粉…150g
- ベーキングパウダー…大さじ1

砂糖…50g　卵…1個
牛乳…150ml　バター…50g

〈かざり用〉

B
- 生クリーム…50ml
- 砂糖…5g
- パイナップル（缶詰）、キウイ、オレンジ、ラズベリー、ブルーベリー、アメリカンチェリー…各適量

必要な道具

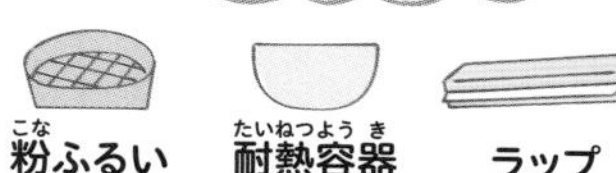

粉ふるい　耐熱容器　ラップ

電子レンジ　ハンドミキサー　ボウル×2　泡だて器

フライパン　キッチンペーパー　お玉　菜ばし

フライ返し　しぼり出し袋　口金（星）

つくる前にやっておこう

A をあわせてふるう。バターを耐熱容器に入れラップをし、電子レンジで30秒加熱してとかす。B をあわせて8分だてのホイップクリームをつくり（P248 を見てね）、口金をつけたしぼり出し袋に入れて冷蔵庫で冷やす。

つくり方

1 卵と砂糖をまぜる

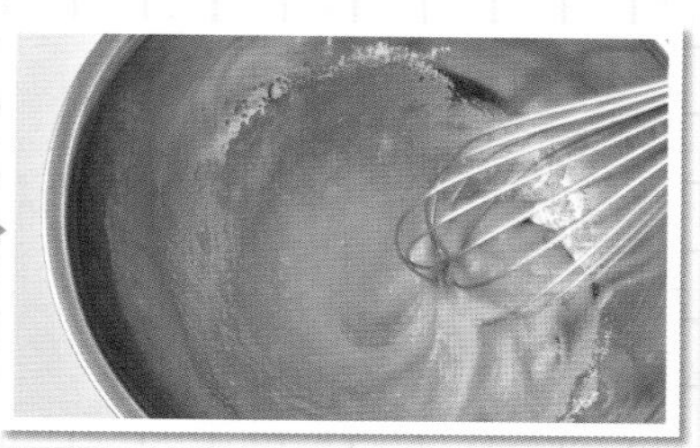

卵と砂糖をボウルに入れ、泡だて器でまぜる。

2 牛乳とバターをまぜる

1に牛乳、とかしバターを入れよくまぜる。

3 粉をまぜる

2にふるっておいた粉ものを入れ、よくまぜる

4 フライパンに油をしく

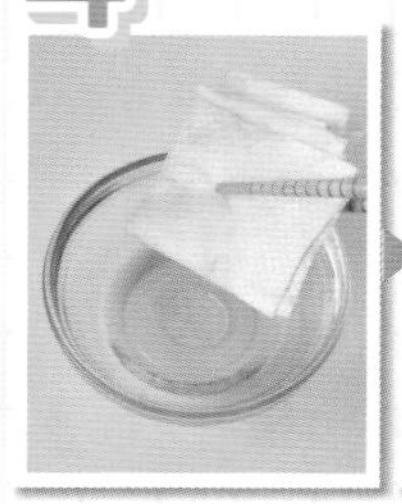

キッチンペーパーにサラダ油(分量外)をしみこませ、菜ばしでフライパンにうすくしく。

5 焼く

3の生地をお玉1杯分すくい、フライパンに丸くひろげ、弱火で約2分焼く。

6 裏返す

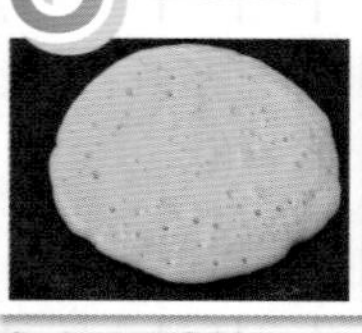
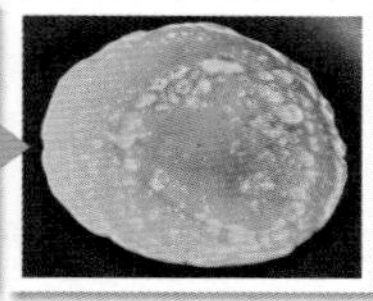

生地の表面にプツプツと泡が出てきたら、フライ返しでひっくり返して裏も約2分焼く。裏がきつね色になったらできあがり。

フライパンはすごく熱くなっているから、さわらないように注意しよう。

7 かざる

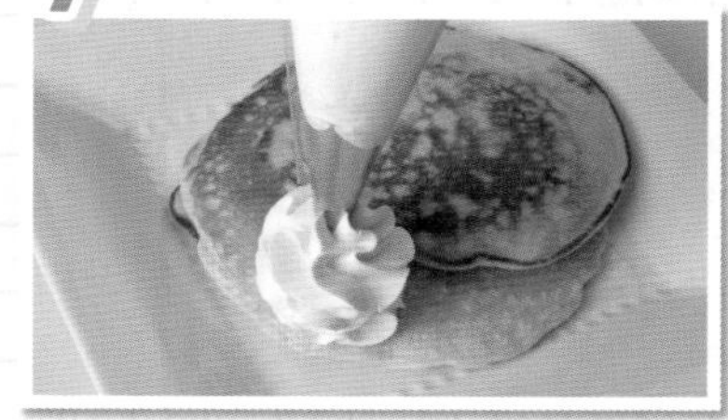

お皿にのせ、ホイップクリームやフルーツでかざりつける。

アレンジレシピ

プチサイズで食べやすい

スティックパンケーキ

材料（直径4cm 16枚分）

A
- 薄力粉…150g
- ベーキングパウダー…大さじ1

砂糖…50g
卵…1個
牛乳…150ml
バター…50g
〈かざり用〉
ラズベリー…適量
ブルーベリー…適量

つくり方

ハワイアンパンケーキと同じようにして生地をつくり、少し小さめサイズで焼いて、くしにさす。

パンナコッタ

かかる時間 約20分

レベル かんたん!

プルプルっとしたひんやりスイーツ★

材料（150mlの容器3個分）

牛乳…200ml
生クリーム…100ml
ゼラチン…5g
砂糖…30g
マーマレードジャム…大さじ3
ミント…適量

必要な道具

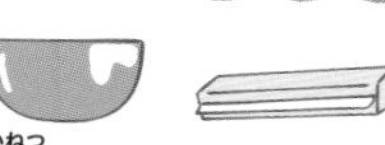
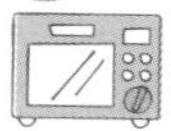

耐熱ボウル　ラップ　電子レンジ

ゴムべら　150mlの容器

つくり方

1 牛乳、砂糖、ゼラチンをまぜる

耐熱ボウルに牛乳100mlを入れ、電子レンジで30秒加熱する。砂糖とゼラチンをくわえ、ゼラチンがぜんぶとけるまで、ゴムべらでまぜる。

ポイント

ゼラチンがとけきらないときは、完全にとけるまで、レンジで10秒ずつ加熱しよう。

2 残りの牛乳と生クリームをくわえる

残りの牛乳と生クリームをくわえ、ゴムべらでまぜる。

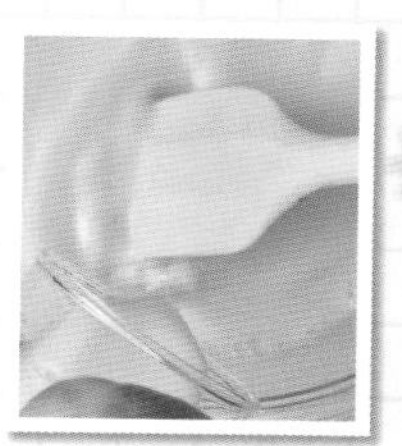

3 器に入れて冷やしかためる

器に入れ、冷蔵庫で3時間以上冷やしかためる。かたまったら、マーマレードジャムとミントをかざる。

ティラミス

かかる時間 約60分

レベル ふつう

ほろにがいコーヒーとまろやかな
マスカルポーネがあう!!

材料（16×10cmの容器1個分）

A
- 熱湯…大さじ2
- 砂糖…小さじ1
- インスタントコーヒー…小さじ1

フィンガービスケット…5～6本
卵黄…1個
砂糖…20g
マスカルポーネチーズ…100g
生クリーム…50ml

B
- 卵白…1個
- 砂糖…20g

ココア、粉砂糖…適量

必要な道具

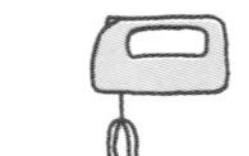

耐熱容器　ハンドミキサー　紙

16×10cmの容器　はさみ　泡だて器

スプーン　ボウル×2　ゴムべら　茶こし

つくる前にやっておこう

Aをあわせて、コーヒーをとかして冷ます。生クリームを6分だてにし（P248を見てね）、冷蔵庫で冷やす。紙をハート型に切り抜く。

つくり方

1 ビスケットにコーヒーをかける

容器の底にフィンガービスケットをしきつめ、Aを上からかける。

容器にあわせて、ビスケットをおってしきつめよう

2 卵黄と砂糖をまぜる

ボウルに卵黄を入れ、泡だて器でほぐしてから砂糖を入れ、よくすりまぜる。

3 マスカルポーネチーズをくわえる

2が白っぽくなったら、マスカルポーネチーズを入れよくまぜる。

4 ホイップクリームをくわえる

3に6分だてにしたホイップクリームをくわえ、ゴムべらでよくまぜる。

5 メレンゲをつくる

別のボウルに卵白を入れ、ハンドミキサー（高速）でまぜる。全体が泡だってきたら砂糖を2～3回にわけてくわえる。

6 生地をまぜる

4に5のメレンゲを2～3回にわけてくわえ、そのつどゴムベラでよくまぜあわせる。

7 型に流して冷やす

1に6の生地を流し入れ、冷蔵庫で3時間以上冷やす。

8 ココアをかける

冷えたらとり出し、上から茶こしでココアを全体にふりかける。

9 紙をのせる

8の上にハート型を切り抜いた紙をのせる。

10 粉砂糖をふる

茶こしで粉砂糖をかける。

食べたら気分はパリジェンヌ♥

ベリーベリークレープ

レベル
ふつう
✿✿✿

かかる時間
約30分

ホットケーキミックスをつかえば、
かんたんにつくれちゃう!

つくり方はP.226を見てね

"シュー"はフランス語で"キャベツ"だよ☆

シュークリーム

レベル
ちょいムズ
✿✿✿

かかる時間（じかん）
約（やく）60分（ぷん）

カスタード&ホイップの
ダブルクリームがぜいたく!

つくり方（かた）はP.230を見（み）てね

ベリーベリークレープのつくり方

材料（直径24cm 5～6枚分）

ホットケーキミックス…100g
卵…1個
牛乳…200ml
〈かざり用〉
A
生クリーム…200ml
砂糖…20g
ミックスベリー（冷凍）…適量

必要な道具

つくる前にやっておこう

Aをあわせて8分だてのホイップクリームをつくり（P248を見てね）口金をつけたしぼり出し袋に入れて冷蔵庫で冷やす。

つくり方

1 材料をまぜて生地をねかせる

ボウルにホットケーキミックス、卵、牛乳を入れ、泡だて器でよくまぜる。ラップをかけて30分ねかせる。

2 フライパンに生地を流し入れる

フライパンにサラダ油（分量外）をひき、中火にかけてあたため、お玉1杯分の生地を流し入れる。

フライパンを大きくまわし、生地を全体にひろげる。

4 裏返す

表面に小さなあわが出てきたら、ひっくり返して裏も焼く。焼けたら皿にとり出す。

ポイント

生地がとてもうすいので、菜ばしに生地をまくと、ひっくり返しやすいよ。

フライパンはすごく熱くなっているから、さわらないように注意しよう。

5 かざる

クレープが冷めたら折りたたみ、ホイップクリームやミックスベリーでかざる。

アレンジレシピ

チョコとバナナの黄金コンビ

チョコバナナクレープ

材料（直径24cm 3枚分）

ホットケーキミックス…50g
卵…1/2個
牛乳…100ml

A
生クリーム…100ml
砂糖…10g
バナナ…1本
チョコレートソース（市販）…適量

つくり方

①ベリーベリークレープの1～3と同じ手順でクレープを3枚焼く。
②冷めたクレープを半分に折り、切ったバナナと、8分だてに泡だてたAをのせ、チョコレートソースをかけて巻く。
③さらに上にもチョコレートソースをかけ、ホイップクリームをそえる。

プチアレンジレシピ

クレープ屋さん気分で楽しもう

あんこ＋クリーム

ホイップクリームとあんこをのせたら、ちょっぴり和風なクレープに。

カスタード＋桃

うす切りにした缶の桃とカスタードクリームをのせよう。甘くリッチな味わい。

チョコクリーム＋シナモン

たっぷりチョコクリームをぬったら、シナモンをひとふり。上品な口どけ。

バター＋シュガー

本場フランスでいちばんよく食べるのが実はこれ。シンプルだけどおいしい！

栄養バランスバツグン! 朝ごはんにもイイね!

ハムチーズクレープ

材料（直径24cm 3枚分）

ホットケーキミックス…50g
卵…1/2個
牛乳…100ml
A ツナ缶…1缶
　マヨネーズ…大さじ3
ハム（スライス）…2枚
スライスチーズ…2枚
フリルレタス…3枚

つくる前にやっておこう

ツナ缶は水けを切り、マヨネーズであえてツナマヨを作る。ハムとスライスチーズをハート型に抜く。

つくり方

①ベリーベリークレープの1～3と同じ手順でクレープを3枚焼く。
②皿にレタスをしき、クレープを半分に折り、Aをまぜあわせたツナマヨ、ハート型に抜いたハム、チーズをのせて巻く。
③クレープの上に、ハムとチーズをちらす。

プチアレンジレシピ

おかずクレープのバリエがふえる!

スクランブルエッグ

スクランブルエッグとマヨネーズを入れたら、たまごサンドみたい!

ツナカレー

レトルトカレーとツナ（缶）をクレープに。家族みんなで食べたいね。

ポテトサラダ

夕飯やお弁当の残りのポテトサラダをクレープに。ケチャップをプラスしても。

スモークサーモン

玉ねぎのうす切りといっしょに入れよう。ぜいたくなクレープになるよ。

シュークリームのつくり方

材料（直径4cm 8個分）

薄力粉…50g
水…80ml
バター…40g
卵…2～3個
塩…ひとつまみ

A
- 卵…1個
- 牛乳…200ml
- 薄力粉…20g
- 砂糖…50g
- バター…10g

B
- 生クリーム…200ml
- 砂糖…20g

粉砂糖…適量

必要な道具

粉ふるい

オーブン

オーブンの天板

オーブンシート

オーブンミトン

マジック

なべ

泡だて器

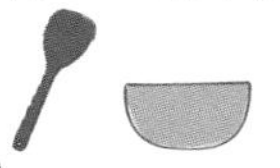
木べら

ボウル

ゴムべら

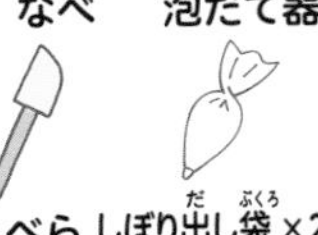
しぼり出し袋×2

口金（星）

口金（丸）

ハケ

フォーク

パン切り包丁

まな板

スプーン

茶こし

つくる前にやっておこう

薄力粉をふるう。バターは室温にもどして小さく切る。卵は室温にもどし、ときほぐす。オーブンシートにマジックで直径4cmの円をかき、裏返して天板にセットしておく。

Aでカスタードクリームをつくり（P250を見てね）冷蔵庫で冷やす。Bをあわせて8分だてのホイップクリームをつくり（P248を見てね）冷蔵庫で冷やす。

つくり方

1 シュー生地をつくる

鍋にバター、水、塩を入れ中火にかける。

2 薄力粉を入れる

バターがとけて沸とうしたら火を止め、薄力粉を入れ、泡だて器でよくまぜる。

3 木べらでまぜる

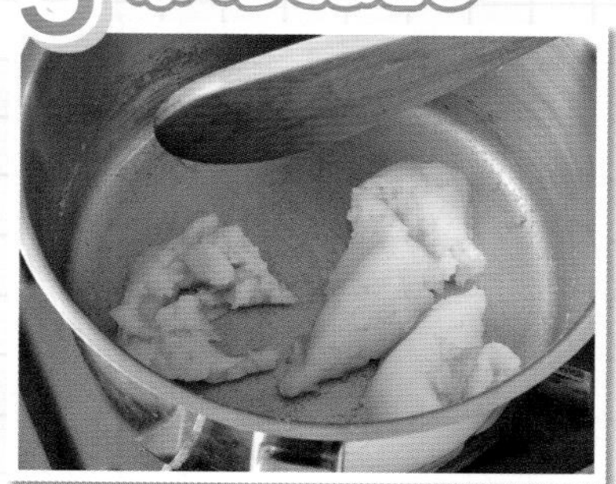

2を弱火にかけ、木べらでまぜながら1分くらい火を通し、ボウルにうつす。

ポイント

なべ底にまくがはったらボウルにうつすサインだよ。

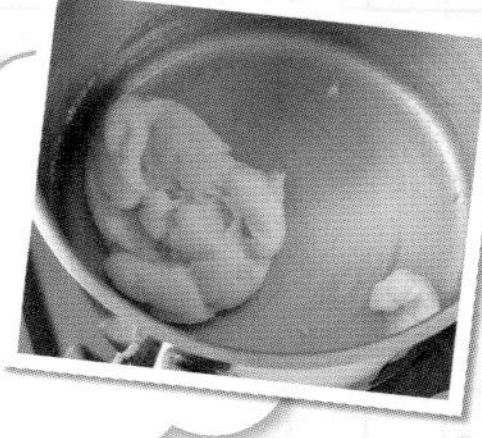

オーブンを200℃にあたためはじめる

4 卵をくわえる

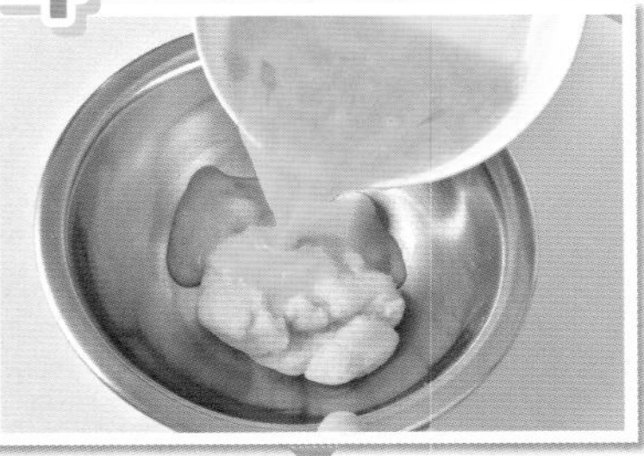

3にときほぐした卵を少しずつ入れ、そのつどゴムべらでよくまぜる。

ポイント

ゴムべらで生地を持ち上げて落としたとき、薄いまくができるくらいのかたさがベスト。このかたさになっていれば、卵はぜんぶ使わなくてもOK。

5 しぼり出す

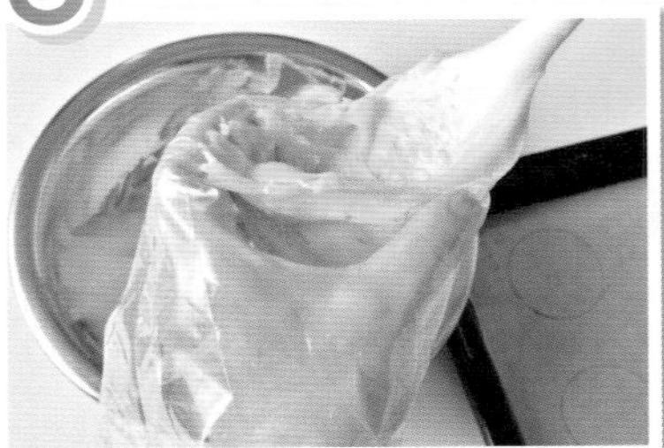

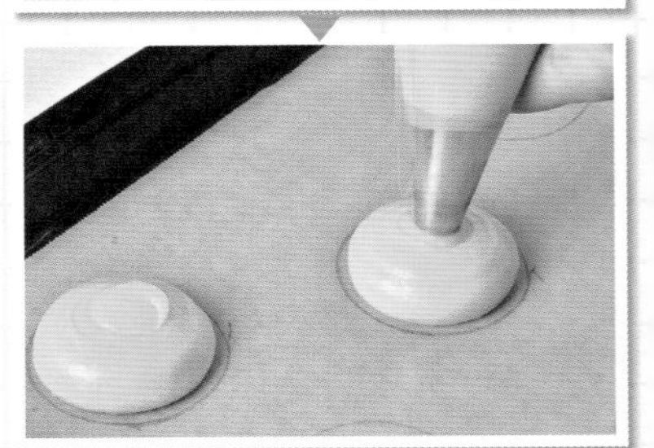

4を口金（丸）をつけたしぼり出し袋に入れ、用意した天板に印にあわせて丸くしぼり出す。

6 卵をぬる

4で卵があまったら、はけでぬる。さらにフォークの背で格子もようをつける。

ポイント

生地が冷めてしまうと焼いてもふくらまないから、ここまでの手順はてばやくすすめてね。

7 焼く

200℃のオーブンで10～12分焼き、ふくらんできたら温度を160℃に下げ、さらに20分くらい焼く。焼けたらそのまま冷ます。

オーブンの中はすごく熱いよ！ とり出すときはかならずオーブンミトンをしよう。

ポイント

焼いているとちゅうで、ぜったいにオーブンのとびらを開けないでね。生地がふくらまなくなっちゃうよ。

8 切る

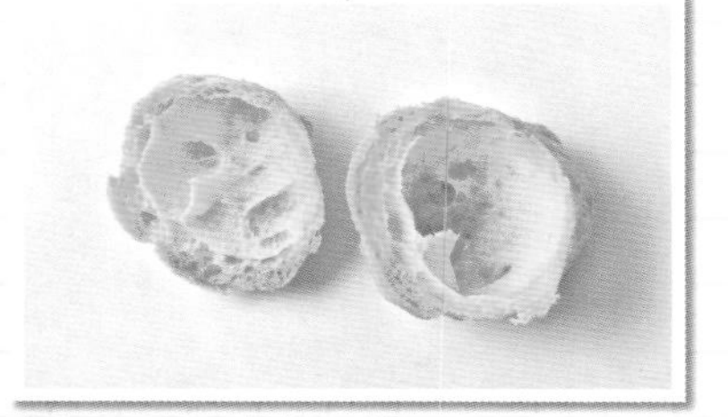

冷めたら、生地の上から1/3ぐらいを包丁で切り落とす。

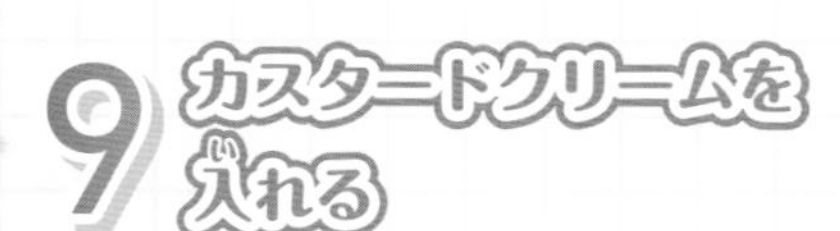

9 カスタードクリームを入れる

スプーンでカスタードクリームを下半分がうまるぐらい入れる。

10 ホイップクリームを入れる

ホイップクリームを口金（星）のついたしぼり出し袋に入れ、9の上にしぼり出す。

11 かざる

ふたをして、茶こしで粉砂糖をかける。

プチ アレンジレシピ

形や中身をかえてみよう！

シューアイス

ホイップやカスタードのかわりに、アイスクリームをつめよう！　バニラ、チョコ、いちごなど、好きなフレーバーのシューアイスができちゃう♡

プチシュータワー

直径2㎝ぐらいのプチシューをつくり、お皿のうえでつみあげよう。ホイップクリームを接着剤がわりにすると、重ねやすいよ。てっぺんに星型のチョコやクッキーをかざれば、クリスマスにもピッタリだね！

修道女に見える？ コーヒークリームでかざっているよ。

ルリジューズ

フランスの伝統的なお菓子だよ。修道女に見たてるんだって！　むずかしそうに見えるけど、大小2つのシュークリームをつくって重ね、ホイップクリームやとかしたチョコでかざるだけ、と実はかんたん☆

エクレア

シュー生地を細長くしぼって焼いて、上下半分に切るよ。下にカスタードクリームをのせ、上はとかしたチョコにつけてふたをすればできあがり♪

ロシアンシュークリーム

シュークリームでロシアンルーレット！ふつうのシュークリームの中に、ひとつだけ中身がちがうものを入れて、みんなでいっせいに食べるよ。ちがうものが入っていた人が当たりだよ☆

イギリスのママの味をおうちで食べよう

アップルクランブルケーキ

かかる時間 約30分

レベル ふつう ✿✿✿

カリカリのクランブルが味のアクセントだよ★

つくり方はP.238を見てね

ティータイムのおともにピッタリ!

スコーン

かかる時間 約30分

レベル ふつう

口の中でほろほろくずれる
イギリスうまれの焼き菓子♪

つくり方はP.240を見てね

アップルクランブルケーキのつくり方

材料（直径20cmの耐熱容器1個分）

A
- 薄力粉…100g
- 砂糖…50g
- バター…50g

りんご…2個

B
- 砂糖…30g
- シナモン…小さじ1
- レーズン…大さじ1

バニラアイスクリーム…適量

必要な道具

包丁

まな板

フードプロセッサー

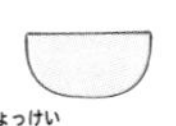
直径 20cmの耐熱容器

オーブン

オーブンの天板

オーブンミトン

つくる前にやっておこう

バターを1cm角に切って冷蔵庫で冷やす。

つくり方

1 クランブル生地をつくる

フードプロセッサーにAを入れてまぜ、そぼろ状にする。

2 りんごを切る

りんごは4等分して皮と芯をとり、1cm幅のいちょう切りにする。

オーブンを200℃にあたためはじめる

3 具をまぜる

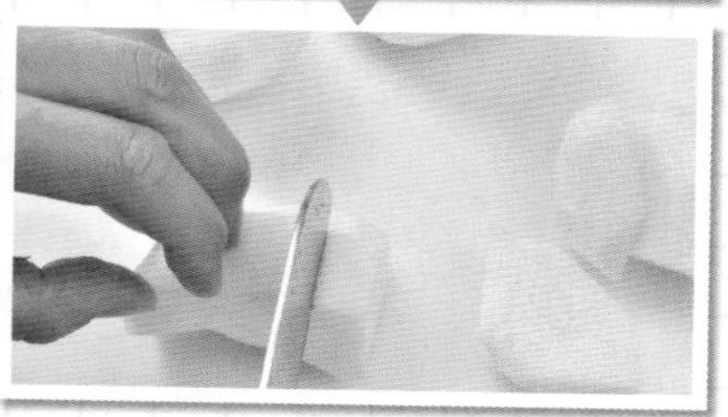

2のりんごとBを耐熱容器に入れて手でよくまぜる。

4 焼く

3の上に1をかけ、200℃のオーブンで25分、クランブルにこんがり色がつくまで焼く。

オーブンの中はすごく熱いよ！ とり出すときはかならずオーブンミトンをしよう。

ポイント

食べるときに、アイスクリームをそえていっしょに食べよう！

スコーンのつくり方

材料（直径4cm 7個分）

薄力粉…200g
ベーキングパウダー…大さじ1
バター…80g　砂糖…大さじ1/2
塩…小さじ1/2　牛乳…80ml
強力粉…適量
〈かざり用〉
A　生クリーム…50ml
　　砂糖…5g
マーマレード…150g

必要な道具

包丁　まな板　オーブン

オーブンの天板　オーブンシート　オーブンミトン

ボウル　ハンドミキサー　フードプロセッサー

めん棒　直径4cmの丸い抜き型　ハケ

つくる前にやっておこう

バターを1cm角に切り冷蔵庫で冷やす。牛乳は計量し、使う直前まで冷蔵庫で冷やす。天板にオーブンシートをしく。Aをあわせて7分だてのホイップクリームをつくり（P248を見てね）、冷蔵庫で冷やしておく。

つくり方

1 材料をまぜてそぼろ状にする

薄力粉、ベーキングパウダー、バター、砂糖、塩をフードプロセッサーに入れてまぜ、粉チーズのようなそぼろ状にする。

2 牛乳を入れる

牛乳を入れてフードプロセッサーにかけ、全体をまとめる。

オーブンを180℃にあたためはじめる

3 手でこねる

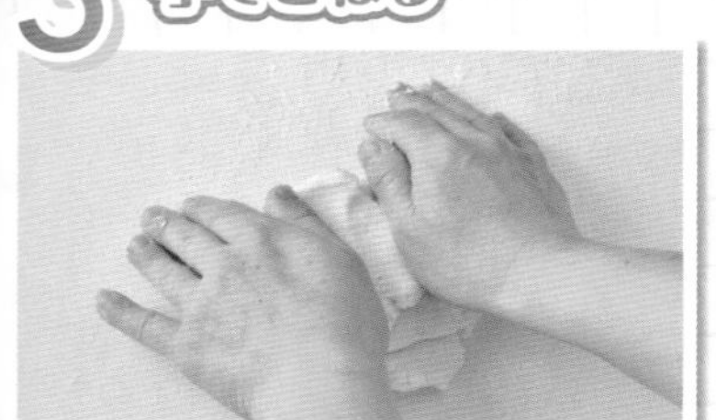

作業台に強力粉をふり、2の生地をとり出して数回こねて、手でまとめる。

4 生地をのばして型で抜く

めん棒で2cmの厚さにのばし、型で抜く。

5 焼く

ポイント
牛乳をぬるとツヤが出て、仕上がりがきれいになるよ。

天板に4をならべ、上にハケで牛乳（分量外）をぬり、180℃のオーブンで15分焼く。焼けたらホイップクリームやマーマレードをそえていただく。

やけどに注意！
オーブンの中はすごく熱いよ！ とり出すときはかならずオーブンミトンをしよう。

お菓子のワールドトリビア

「桜もち」は、関東と関西でちがう

桜が咲くころにお店で売られる「桜もち」。関東地方では、クレープ状のぎゅうひであんこを巻いたもののことをいい、関西では道明寺粉を蒸したものであんこを包んだもののことをいうよ。

関東風の桜もち(左)は「長命寺」、関西風(上)は「道明寺」とよばれるよ。

おせち料理のだて巻はロールケーキが変化したもの

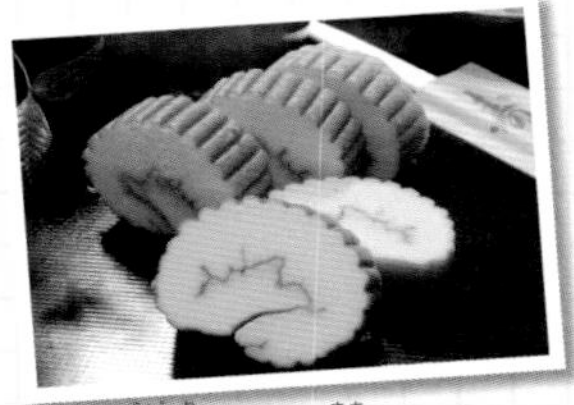

おせち料理のだて巻、たしかにロールしてる!

みんなが大好きなロールケーキ、じつは江戸時代から日本にあったんだよ! オランダから長崎につたわったロールケーキは、日本でも大人気! それをまねて、江戸時代の人が卵焼きにしたのがだて巻なんだって。

チョコレートはもともと薬だった

チョコレートの原料はカカオという豆。16世紀のはじめ、南米の国の皇帝が、ドロドロにしたカカオ豆を元気になる薬として1日に50杯も飲んでたんだって! すっごく苦かったらしいよ。

チョコレートの原料のカカオの実だよ。

グミとゴムは同じ意味

グミがうまれたのは1920年のドイツ。グミはドイツ語で「ゴム」っていう意味なんだって。そのころドイツでは、あまりかまなくてもいい食べ物が多くなって、子どもの歯の病気がふえちゃった。だから、ちゃんとかめるかたいお菓子をつくろうと、グミがうまれたそうだよ。

かむとたしかにゴムっぽいかも!?

イギリスのおやつタイム、アフタヌーンティー

スタンドにサンドイッチやお菓子がならんでいるよ。

アフタヌーンティーは、1800年代中ごろにイギリスの貴族たちの間ではじまった習慣で、紅茶とお菓子や軽食(サンドイッチなど)をいっしょに楽しむもの。ただのティータイムではなくて、礼儀作法をまなぶ時間でもあったそう。

タピオカの正体はおいも!

つぶつぶのタピオカって何からできているか知ってる? じつはキャッサバというおいもなんだよ。デザートやドリンクに入れるだけじゃなくて、無洗米や冷凍うどんにもつかわれているよ。

もちもちうどんのヒミツはタピオカだった!

おぼえておこう！

お菓子づくりのきほんテク10

1 ふるう

粉るいは、ダマにならないようにふるっておくと、しあがりがきれいだよ。

●粉ふるいでふるう

粉ふるいよりも大きな画用紙やオーブンシートを作業する台にしき、そのうえで粉をふるうよ。粉の量が多いときは、数回にわけてふるおう。片手でレバーをうごかすだけで粉がふるえるものと、片手でふるい器をもち、もう片方の手でふちをトントンかるくたたくものがあるよ。

●ざるでふるう

粉ふるいがなければ、目のこまかいざるをつかおう。

●茶こしでふるう

できあがったお菓子の上に、粉砂糖やココアをふりかけるときは、茶こしをつかうよ。少量の粉をふるうときも、茶こしがべんりだよ。

2 とかす

ほかの材料とまざりやすくするために、あらかじめとかしておくものがあるよ。

●湯せん

材料を入れたボウルを、ひとまわり大きな鍋に入れたお湯(50℃ぐらい)につけ、材料をとかす方法だよ。直接火にかけないから、こげやすいものや、すぐにかたまってしまうものに向いてるよ。チョコレートをとかすのに、よくつかうよ。

●電子レンジ

耐熱容器に材料をいれて、電子レンジで加熱してとかす方法だよ。とかしバターをつくるのにもオススメ。加熱するとふきこぼれたりするものは、かならずラップをしてね。

3 火加減

お菓子づくりだけじゃなく、料理のきほんとなる火加減。おぼえておこう!

●弱火

なべやフライパンの底に、直接火があたらないぐらいの火加減だよ。こげやすいものは弱火にかけるよ。

●中火

なべやフライパンの底に、ちょうど火の先があたるぐらいの火加減だよ。調理するときは、中火にかけることが多いよ。

●強火

なべやフライパンの底全体に、火があたるぐらいの火加減だよ。お湯をわかしたりするときは強火だとはやく沸とうするよ。

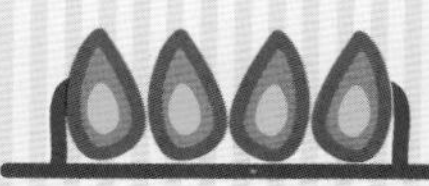

4 まぜる

材料のまぜ方によって、つかう道具もかわるよ。

●すりまぜる

ボウルに泡だて器をこすりつけるようにしてまぜるやり方。砂糖とバター、卵などをまぜるときによく出てくるよ。

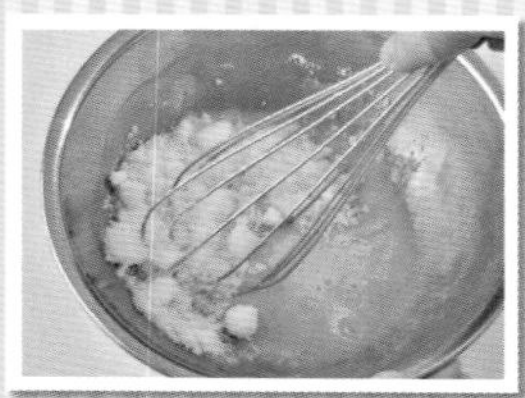

●さっくりまぜる

ボウルのなかの材料をねらないように、ゴムべらで底からすくいあげて切るようにまぜるやり方。粉るいやメレンゲをくわえるときによく出てくるよ。

●2～3回にわけてまぜる

まざりにくいものをまぜるのやり方。材料をいっぺんにくわえると、ダマになったり、分離したりすることがあるよ。2～3回にわけてくわえると、なじんでうまくいくよ。

5 その他

まだまだおぼえておきたいことがあるよ。

●室温にもどす

冷やしておいたものを冷蔵庫から出して23～25℃の室内におくこと。さわったときに冷たくなければOK。これでバターやクリームチーズはねりやすくなるし、卵はバターとまぜるときの分離をふせげるよ。

●氷水にあてる

氷と同じぐらいの量の水を入れたボウルの上に、冷やしたいなべやボウルを重ねること。ホイップクリームをつくるときや、水に直接入れられないものを冷やすときに役立つテクニックだよ。

●こす

調理中のものを目のこまかい網のような〝こし器〟（またはザル）をとおすこと。こすことで、なめらかな口当たりになるよ。液体はそのまま網目をとおるけど、ゆでたかぼちゃやじゃがいもは、ゴムべらなどでおさえて網目をとおそう。

●あら熱をとる

アツアツ状態のものを、さわってすこし「あったかいな」と感じるぐらいまで冷ますこと。熱いものをさわるときは、やけどに注意してね。

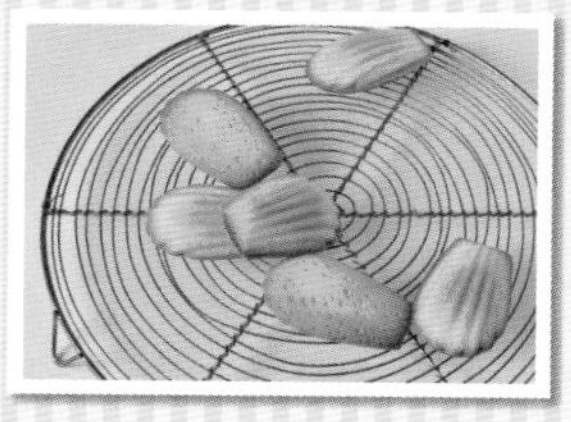

●生地を休ませる

クッキーなどの生地を一定の時間、おいておくこと。水分を生地ぜんたいにいきわたらせるためにするよ。しあがりがちがってくるから、レシピに「生地を休ませる」とかいてあるときは、かならずやってね。

●空気をぬく

型に入れた生地を、型のまま10㎝ぐらいの高さからテーブルなどにトントンと2～3回落として、中の空気をぬくよ。空気をぬかないと、中に穴があくことがあるよ。

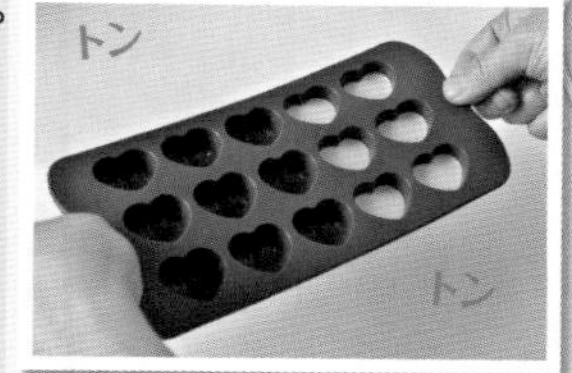

●型にオーブンシートをしく

型の大きさにあわせてオーブンシートを切ってしくよ。

6 ホイップクリームをつくる

つかい方によって、ゆるいホイップかかたいホイップかかわってくるよ。

●泡だて方

ぬれぶきんのうえに、氷水を入れた大きめのボウルをおき、別のボウルをかさねて、生クリームを入れて、泡だて器で空気を抱きこむようにかきまぜるよ。生クリームは冷蔵庫でよく冷やして、冷えたままつかってね。

●6分だて

とろみがついて、泡だて器でもちあげると、リボン状にトロトロおちて、おちたあとはすぐに消えるぐらいが目安だよ。

●7分だて

生クリームがもったりするよ。泡だて器でもちあげると、おもたい感じがするけれど、ツノはたたないよ。

●8分だて

もったりして、泡だて器でもちあがるとツノがピンとたつぐらいのかたさだよ。泡だてすぎると分離して、もとにはもどらないから気をつけてかきまぜてね。

7 メレンゲをつくる

卵白に砂糖を入れて泡だてたものだよ。

① ボウルに卵白を入れ、ハンドミキサー（高速）で全体が白くなるまで泡だてる。

② 砂糖を2～3回にわけてくわえ、そのつどハンドミキサーでしっかりまぜる。ピンとツノがたったらOK。

8 アイシングをつくる・ぬる

お菓子に色をつけたりするときにつかうよ。

① 粉砂糖に卵白を入れて、ゴムべらでかきまぜる。

② 好みの食用色素を入れてまぜる。食用色素はようじでちょんとつけるだけで、しっかり色がつくよ。

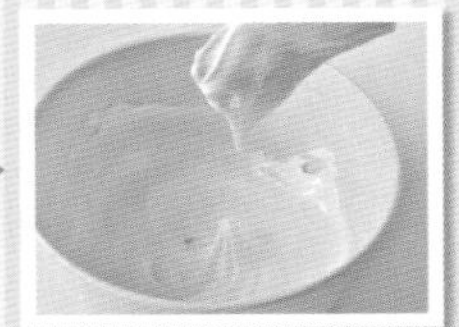

③ 色がついたら、スイーツにぬってかわかす。かわくのに時間がかかるから、とちゅうでさわらないように気をつけて。

9 カスタードクリームをつくる

はじめてつくっても、しっぱいしにくい
カスタードクリームのつくりかたを教えちゃうよ!

●材料

卵…１個
牛乳…200ml
バター…10g
薄力粉…20g
砂糖…50g

●必要な道具

耐熱ボウル

泡だて器

電子レンジ

オーブンミトン

ゴムべら

耐熱容器

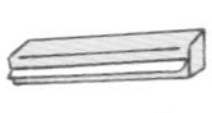
ラップ

1 卵と砂糖をまぜる

ボウルに卵を割り入れ、砂糖をくわえて泡だて器ですりまぜる。

2 小麦粉をくわえる

ふるった小麦粉を1に入れてまぜる。

このつくり方だとダマになりにくいよ

3 牛乳をくわえる

牛乳を入れてよくまぜる。

4 電子レンジで加熱する

ラップをかけて電子レンジで３分加熱する。とり出してゴムべらでかきまぜる。

5 さらに加熱してバターをくわえる

ふたたびラップをかけてレンジで１分加熱し、とり出してバターをくわえてまぜる。

6 冷ます

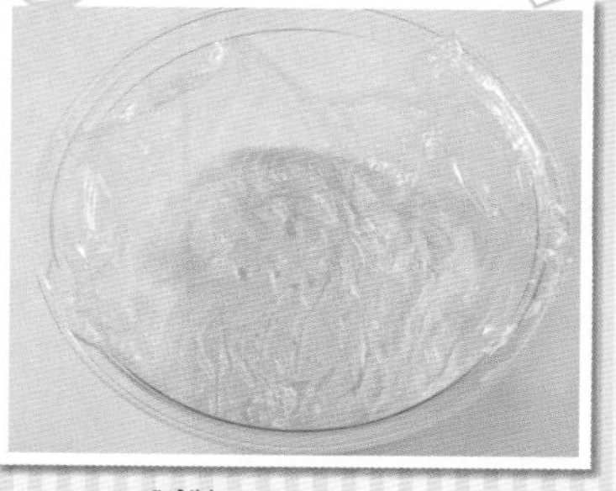

クリームの表面にぴったりくっつくようにラップをして冷ます。

ポイント

10 チョコレートをテンパリングする

チョコレートをとかして、温度調節をすることだよ。テンパリングすると、コーティングしてつかうときに、きれいにしあがるよ。

●材料

チョコレート
お湯
水

●必要な道具

まな板

包丁

なべ

ボウル ×2

ゴムべら　温度計

1 チョコをきざむ

チョコレートをきざむ。

2 湯せんにかける

1をボウルに入れ、50℃ぐらいのお湯を入れたなべのうえにのせる。

ポイント

お湯を入れるなべや水を入れるボウルは、チョコレートを入れるボウルより、ひとまわり小さいものがおすすめ。チョコレートにお湯や水が入らないようにするためだよ。

ポイント

板チョコじゃなく、コーティング用チョコをつかえば、テンパリングをしなくてもOK。製菓材料店などで買えるよ。

3 とかす

ゴムべらでかきまぜる。

4 水を入れたボウルにのせる

完全にとけたら、チョコの入ったボウルをはずし、水を入れたひとまわり小さいボウルの上にのせる。

5 チョコの温度を26℃まで下げる

チョコがかたまらないように、よくかきまぜながら温度を26℃まで下げる。

6 チョコの温度を29℃まであげる

26℃になったらチョコの入ったボウルをはずし、こんどはお湯を入れたなべの上にふたたびチョコの入ったボウルをおき、チョコの温度が29℃になるまでかきまぜたらできあがり。

◎テンパリングが成功！

かたまったチョコがツヤツヤしているよ。

×テンパリング失敗！

チョコにムラができちゃうんだ…。

デコ文字&イラストでオリジナルカードをつくろう

本命のカレに♡
バレンタイン

つくり方

①白い画用紙にペンで好きな絵と文字をかき、ハサミで丸く切る。
②青い画用紙の上に①をのせ、1㎝ぐらい外側にそってハサミで吹き出しの形に切る。
③②の全体にペンでチェック柄をかく。
④③の上に①をのりではる。

ワンポイントアドバイス

①で星やねこの手にそって切ると、飛び出ているように見えて、カードが立体的になるよ。

プレゼント交換に☆
クリスマス

つくり方

①白い画用紙にペンで、雪だるま2つと「Merry Christmas」の文字をかいて、ハサミで切る。
②べつの白い画用紙に、ツリー1本と星3つをペンでかいてハサミで切り、色をぬる。
③またべつの白い画用紙で、雪に見たてていろいろな大きさの丸を切り取る。
④緑の画用紙のうえに赤い画用紙をのりではり、①～③でつくったものをはる。

ワンポイントアドバイス

雪をつくるときは、紙を数枚重ねて切ると、一度にたくさんできるよ。

つくり方

①白い画用紙をハサミでハート型に切り、ペンで文字をかく。
②ピンクの画用紙に①をのせ、①よりひとまわり大きいハート型に切り、赤いペンでしま模様をかいたら、①をのりではる。
③四角く切った白い画用紙に②をはり、まわりに絵や文字をかく。
④③の右上にパンチで穴をあけ、リボンをつける。

たいせつな友だちに♡

誕生日

つくり方

①白い画用紙に好きな絵や文字をかき、ハサミでまわりがモコモコになるように切る。
②①をひとまわり大きい黄色の画用紙にのりではる。
③②のまわりに赤い点線をかく。

監修者

福本美樹（ふくもと　みき）

スイーツデザインスタジオMAPRIL（メイプリル）を主宰するペイストリーシェフ。都内洋菓子店に勤務したのち渡米。全米各地でベーカリー、ペイストリーショップの店舗立ち上げ、商品開発、技術指導にあたる。帰国後「MAPRIL」設立。雑誌、CM、イベントなどのオーダースイーツを手がける。著書に『スタンプみたいなアイスボックスクッキー』（学研プラス）、『3D口金で絞るだけ かわいいフラワーケーキ』（メディアソフト）など。
http://mapril.net

デザイン●ダグハウス
撮影●村尾香織
調理アシスタント・スタイリング●西巻千栄
カバー・まんが●池田春香
本文イラスト・カード作成●のだかおり
編集協力●糸井千晶（ダグハウス）
編集担当●小髙真梨（ナツメ出版企画株式会社）

撮影協力

●cotta
https://www.cotta.jp/

●中沢乳業
https://www.nakazawa.co.jp/

●プロフーズ
https://profoods.co.jp/company

かんたん♥ラブリー ときめきお菓子レッスンスペシャル

2020年1月2日　初版発行
2024年8月20日　第7刷発行

監修者　福本美樹（ふくもと みき）
発行者　田村正隆

発行所　株式会社ナツメ社
東京都千代田区神田神保町1-52　ナツメ社ビル1F（〒101-0051）
電話　03（3291）1257（代表）　FAX　03（3291）5761
振替　00130-1-58661
制　作　ナツメ出版企画株式会社
東京都千代田区神田神保町1-52　ナツメ社ビル3F（〒101-0051）
電話　03（3295）3921（代表）
印刷所　広研印刷株式会社

ISBN978-4-8163-6751-9　Printed in Japan